安庆师范大学学术著作出版基金资助出版

U0746924

高校图书馆服务中的法律问题研究

何承斌　著

GAOXIAO TUSHUGUAN FUWU ZHONG DE
FALÜ WENTI YANJIU

安徽师范大学出版社
·芜湖·

图书在版编目（CIP）数据

高校图书馆服务中的法律问题研究 / 何承斌著 .—芜湖：安徽师范大学出版社，2019.10
ISBN 978-7-5676-4243-0

Ⅰ.①高… Ⅱ.①何… Ⅲ.①院校图书馆－图书馆法－研究－中国 Ⅳ.①D922.164

中国版本图书馆CIP数据核字（2019）第214552号

高校图书馆服务中的法律问题研究

何承斌　著

责任编辑：何章艳　责任校对：祝凤霞
装帧设计：张　玲　责任印制：桑国磊
出版发行：安徽师范大学出版社
　　　　　芜湖市九华南路189号安徽师范大学花津校区
网　　址：http://www.ahnupress.com/
发 行 部：0553-3883578　5910327　5910310（传真）
印　　刷：江苏凤凰数码印务有限公司
版　　次：2019年10月第1版
印　　次：2019年10月第1次印刷
规　　格：700 mm×1000 mm　1/16
印　　张：11.75
字　　数：210千字
书　　号：ISBN 978-7-5676-4243-0
定　　价：39.00元

前　言

　　服务是图书馆存在的根本，也是图书馆事业发展的基础。随着现代技术的发展，作为知识宝库的图书馆正在发生着深刻的变化，它不再仅仅是保存和利用图书的场所，而是逐步发展成为人类的知识信息中心，图书馆服务必将成为图书馆建设中最为重要的内容。

　　笔者从事高校图书馆工作近二十年，有幸见证、参与了图书馆快速发展的重要时期：从闭架借阅到全开架借阅，从卡片目录查阅到微机检索，从人工借还到 RFID（即无线射频识别技术，又称电子标签技术）自动借还，等等，图书馆服务的方式、手段、内容都发生了显著变化。这些越来越现代化、人性化服务的背后彰显了技术进步对图书馆服务的影响。技术应用往往与法律规制联系在一起，技术越先进，应用越广泛，引发的法律问题越多。从传统借阅服务中的超期罚款、惩罚性赔偿到网络环境下用户隐私权保护、知识产权保护等，都是图书馆发展过程中不可回避的法律问题。国家与社会的进步有许多方面的标准和标志，而维系国家持久发展的法律制度则是其中不可或缺的一项。虽然高校图书馆的法制建设正在逐步完善，诸如取消了借阅证办理费、电子阅览室上机费，丢损图书赔偿费纳入学校"一卡通"管理，等等，体现了高校图书馆对读者权益的保护，彰显了依法办馆的宗旨，但是高校图书馆法律制度建设仍然滞后于图书馆自身的快速发展，也制约着图书馆的进一步发展。作为一名高校图书馆工作者，又兼有法律学科背景，笔者更多地从法律的视角，融合图书情报学、社会学等学科的理论元素来探究高校图书馆服务过程中存在的各种法律问题，并提出针对性的解决方案与策略，力图使高校图书馆在做好服务的同时降低法律风险。另外，在研究过程中笔者参阅了大量国内外法律法规，介绍了国外一些较为成熟的法律制度和成功做法，以期为我国图书馆相关立法的完善提供实践依据和理论借鉴。

本书共分为七章：第一章主要从图书馆服务的内涵、特点、理念等方面对高校图书馆服务进行概述；第二章主要探讨高校图书馆服务关系的法律性质，在界定高校图书馆服务关系法律性质的基础上，对高校图书馆服务关系的主体、客体、内容以及服务关系的调整和责任承担等问题做了较为全面的论述；第三章主要研究高校图书馆常规借阅服务中的法律问题，具体分析了超期罚款制度、惩罚性赔偿制度以及复印服务中的法律问题，并提出相应的对策；第四章主要研究网络环境下高校图书馆信息服务中的法律问题，分别讨论了隐私权保护、网上预约服务、电子文献传递服务、数字参考咨询服务、音像服务、慕课版权服务、微博服务中的法律问题与应对策略；第五章主要研究高校图书馆社会化服务中的法律问题，探讨了图书馆社会化服务的依据、原则、模式以及图书馆社会化服务中产生的具体法律问题；第六章主要研究高校图书馆服务的法律保障，分析了高校图书馆服务法律保障的必要性和我国高校图书馆服务法律保障的现状及存在的问题，并提出了应对之策；第七章列举并分析了图书馆服务中出现的典型案例，以便高校图书馆从中汲取经验，防范服务过程中的各种法律风险。

本书的出版得到了安徽师范大学出版社的大力支持和帮助，他们科学严谨、求真务实、精益求精的工作态度以及良好的专业素养给笔者留下了极其深刻的印象，对他们辛勤的付出表示衷心的感谢！在本书的撰写过程中，笔者参考引用了许多国内外同行专家的研究成果，这些研究成果为本书的写作提供了很大的帮助，在此对他们所做的工作表示感谢！本书所引用的内容已在脚注或文后主要参考文献中注明出处，如有疏漏，在此表示歉意。由于笔者学识和阅历有限，本书难免存在一些不足和疏漏之处，敬请各位专家、同仁及读者批评指正。

目　录

第一章　高校图书馆服务概述

一、图书馆服务的内涵

（一）图书馆服务的概念

概念是指综合概括反映人们对思维对象本质属性的认识的思维形式，具有普遍性和抽象性。人们对概念的认识随着社会实践过程的发展而不断深化。图书馆服务这个概念在现代图书馆工作中有着特定的内涵和外延，它反映了人们对图书馆服务工作本质属性的认识。阐明图书馆服务的概念对于开展图书馆服务工作和研究图书馆服务有着非常重大的意义，正如彭斐章教授所说："图书馆学是强调服务的科学，服务观念应成为图书馆学思想的重要因素，离开了服务，图书馆事业就失去了存在的价值。离开了服务，图书馆学研究也就偏离了方向。"①

那么，什么是图书馆服务？美国图书馆学大师谢拉说过，服务是图书馆的基本宗旨。《中国大百科全书：图书馆学、情报学、档案学》将图书馆服务定义为图书馆利用馆藏和设施直接向读者提供文献和情报的一系列活动，有时也称图书馆读者工作。

目前，国内图书馆界对图书馆服务概念的界定众说纷纭，莫衷一是。王世伟认为，图书馆服务是图书馆人以文献资源、技术设备、基础设施为依托，以

① 彭斐章.数字化时代的图书馆学研究[J].图书情报工作,1998(9):7.

聪明的才智、真挚的情感和自觉的行动为代价，满足读者对知识、信息的需求。柯平认为，图书馆服务的内涵应包括以下三个要素：一是服务对象，即读者与社会；二是服务内容，即利用图书馆资源；三是服务目标，即实现图书馆使用价值。因此，图书馆服务就是为了满足读者和社会的各种需求，利用丰富的文献资源以实现图书馆使用价值的全部活动。吴慰慈则把图书馆文献的使用和服务工作以及用户发展、用户研究、用户培训等一系列工作称为图书馆服务，并将其作为用户服务工作、读者服务工作的同义词。还有人认为，对"SERVICE"进行解读可以帮助我们理解图书馆服务的本质与内涵。如邵安华借鉴国外理论对"SERVICE"进行了解读：S—Serve（服务）、E—Every（每一个）、R—Reader（读者）、V—Valuable（有价值）、I—Information（信息）、C—Consultation（咨询）、E—Education（教育），即图书馆服务就是为读者提供有价值的信息、咨询和教育服务[①]。

从以上对图书馆服务的界定分析中可以发现，图书馆服务具有以下几个因素：一是图书馆的服务对象，即图书馆文献信息资源的利用者——以读者为主体的各种社会组织和个人组成了图书馆服务的用户；二是图书馆资源，也可称为图书馆服务资源，它是图书馆开展服务的基础条件，包括文献信息资源、人力资源、设施资源以及其他一切可以为社会和个人所利用的资源；三是为满足社会和用户需要的各种服务手段和方式，它是服务实现的前提条件。

综上所述，图书馆服务就是图书馆为了满足读者的文献信息等多方面需求，利用自身的资源，运用多种方法所开展的一系列服务活动。随着社会的发展、科技的进步，图书馆服务的内容和模式将不断改进和变化，图书馆服务也在不断发展和延伸。

（二）图书馆服务包

1.图书馆服务包的概念及要素

"服务包"是服务管理理论中一个重要的概念，随着服务市场的发展应运而生并得到较快发展。1998年，美国的詹姆斯·A.菲茨西蒙斯等提出，服务

---

① 邵安华.优化高校图书馆服务功能的思考[J].河南图书馆学刊,2019(1):54-56.

包是指在某种环境下提供的一系列产品和服务的组合①。服务包通过有形产品和无形服务的结合来满足顾客需求，被广泛地应用于服务系统关于质量的讨论和服务水准的评定中。形象地讲，服务产品就像一个"包裹"，其中包含多种服务或产品，而且囊括核心服务、便利性服务、支持性服务三个关键要素。下面将从图书馆服务的角度来分析这三个要素。

第一，核心服务。核心服务也叫主服务，是图书馆存在的必备要素，体现图书馆提供服务的最基本功能，即图书馆向读者提供信息服务的主要内容，满足读者对图书馆服务最基本的需要。例如，图书借阅、期刊阅览、文献检索、参考咨询等都属于核心服务。核心服务可分为显性服务和隐性服务，其中，显性服务是指读者可以用感官觉察到的、为读者提供的基本或具有本质特征的服务，从而使读者的需要得到满足。由于读者对图书馆提供的显性服务能够直接感受或者体验，所以，读者可以即时对图书馆服务的质量做出评判。隐性服务是指读者在体验了图书馆服务之后所获得的精神方面的享受。这是服务的非本质特征，也是图书馆服务给读者带来的价值增值，因为读者在接受图书馆提供的服务产品的同时，他们自身的知识积累和文化修养也得到了提高，增加了读者感知的附加值。隐性服务作用于读者的精神世界，满足读者的心理性需求。另外，由于读者之间存在个体的差异性，读者对图书馆隐性服务的评价具有很强的主观性，因此，图书馆服务应该注重隐性服务给读者带来的精神和心理上的享受，例如，为读者提供热情良好的服务态度、整洁安静的阅读环境、方便读者的开放时间、安全便利的服务设施等。

第二，便利性服务。便利性服务是方便读者使用核心服务的附加服务，如在阅览室内为读者提供自助复印、打印、图像扫描等服务。图书馆如果没有提供这种服务，读者将不能方便地使用核心服务。便利性服务虽然不引人注目，它的存在并不一定会使读者感到满意，但是它的缺失会引起读者的不满，影响读者对图书馆服务质量的评价。

第三，支持性服务。支持性服务与便利性服务类似，也是一种附加服务。但是与便利性服务不同的是，支持性服务的效用不在于使读者更加便利地使用核心服务，而在于增加服务的价值，即提升图书馆服务的人性化，或者使图书

① 詹姆斯·A.菲茨西蒙斯，莫娜·J.菲茨西蒙斯.服务管理：运作、战略与信息技术［M］.张金成，范秀成，译.3版.北京：机械工业出版社，2003：19.

馆的服务与竞争对手的服务之间产生差异性，以获得差异化优势。如图书馆内设置休闲茶吧，通过网络提供短信、邮件提示等，都属于这一类服务范畴①。可以说，支持性服务是实现服务差异化的重要源泉。

2.图书馆服务包要素评价标准

图书馆服务包中每一个因素都会影响读者的感受和体验，进而影响读者对图书馆服务的评价。表1-1列出了图书馆服务包要素评价标准。

表1-1　图书馆服务包要素评价标准

显性服务	隐性服务	便利性服务	支持性服务
服务效用、可靠性、质量的稳定性和一致性、配套服务的齐全性、性价比、可接近性	服务态度、服务氛围、服务等待、便利性、舒适感、保密性和安全性	种类和可选择数量、一致性	地理位置、建筑物、服务环境、布局设施、外部装修、内部装饰

二、图书馆服务的特点

随着现代网络技术的发展和应用，图书馆不断向数字化、网络化和虚拟化发展，现代图书馆服务工作正凸显出一些与以往不同的特点，图书馆服务的传统观念也发生了很大的变化。

（一）图书馆服务的无形性

图书馆服务的无形性主要指图书馆服务是为读者提供非物质产品，即精神产品，它不能像其他实体产品那样展示和交换。学者杨柳将读者到书店买书与到图书馆看书作了比较与区分，读者到书店买书是一种确定的、可视的、有形的实物交换或消费，是以具体实物所有权转移为前提的；而读者到图书馆看书则是接受一种服务，读者从服务中获取的知识与信息是无形的精神产品，它既

---

① 李海英.图书馆服务管理[M].北京:国家图书馆出版社,2011:6.

看不见，也摸不着，只能感觉和享受。这正是图书馆服务所具有的特性，也是图书馆一直深深吸引读者和赖以生存的地方①。当然，图书馆服务是一种过程，一种体验，其结果本身未必具有物理性，很多服务需要借助有形的实物载体才可以实现。对读者而言，他们需要的是有效的载体，这些载体所承载的服务或者效用才是最重要的。而且读者靠感知来体验图书馆的服务，这种感知是通过读者与图书馆相互作用而发生的。因此，图书馆的环境、服务人员的专业素质、图书馆的现代化程度等因素是评价图书馆服务质量的重要方面。

（二）图书馆服务的同时性

图书馆服务的同时性主要是指服务的生产与消费同时进行。图书馆服务的同时性可以从以下三个方面来理解：首先，服务是通过馆员和读者之间的互动来完成的，没有读者参与是无法进行的。例如，参考咨询服务中，无论是面对面咨询，还是电话咨询，抑或是网上咨询，读者和咨询馆员都得亲身参与，彼此互动，共同完成。可见，读者既是服务的接受者，又是服务的重要协作者。其次，服务与服务提供者（即馆员）形成一体，馆员的服务态度、专业素质以及服务效率等要素直接影响其提供服务的结果和效用。最后，图书馆服务是一种正在生产的产品，生产一结束，服务也随之消失，体现出图书馆服务的瞬间性与不可存贮性②。图书馆服务的这种特性意味着如果不发生借阅、咨询等服务，图书馆的人工、设施就被浪费了③。

（三）图书馆服务的公平性

公平性要求图书馆以博爱精神关爱每一个用户，尊重每一个用户，坚决维护用户的合法权益。联合国教科文组织、国际图书馆协会联合会（后文简称国际图联）发布的《公共图书馆宣言》指出："每一个人都有平等享受公共图书馆服务的权利，而不受年龄、种族、性别、宗教信仰、国籍、语言或社会地位的限制。"2008年，中国图书馆学会通过的《图书馆服务宣言》明确了图书馆服务的公平性，主要体现为读者拥有平等享有图书资源的权利、平等享有图书

① 杨柳.论图书馆服务产品[J].高校图书馆工作,2004(4):41-43.

② 李海英.图书馆服务管理[M].北京:国家图书馆出版社,2011:8.

③ 张明霞.图书馆服务特征及其对管理的启示[J].图书馆论坛,2011(1):108-110.

馆设施和服务的权利、平等享有遵守图书馆规章制度的权利和义务、平等享有参与和监督图书馆管理的权利①。尽管图书馆用户形形色色，但是图书馆服务是一视同仁的，无差别的，图书馆没有特权读者，也没有被剥夺阅读权的读者。凡到图书馆读书、学习、获取资料或享受文化消遣的读者，图书馆都持欢迎态度，并且热情地为其服务。这种公平的服务模式可以使图书馆服务更加科学化、人性化②。

三、图书馆服务的理念

服务是图书馆的灵魂，服务理念是服务行为的先导，是服务活动的核心，是服务组织在创造价值的过程中对服务对象的服务原则、服务态度、服务方式的集中体现，同时也是人们对服务活动的理性认识。

图书馆服务的理念是图书馆一切服务工作的指导思想、理论基础、前进方向和行动准则，代表着一个图书馆的服务形象，是图书馆服务形象的关键所在，也是图书馆的标志。它告诉读者"图书馆是什么""图书馆服务的依据是什么""在图书馆能获得什么"，体现出图书馆的发展观、质量观和人才观，衡量出图书馆的办馆水平。中国国家图书馆原馆长詹福瑞曾说过，衡量一个图书馆的影响力，不单是从建筑面积上来看，更重要的是该馆的服务理念，因为服务理念决定着服务质量，决定着图书馆自身的建设规模与发展方向③。

（一）以人为本服务理念

以人为本服务理念体现了一种人文精神，是社会人文思想的产物。人文思想起源于古罗马的西塞罗，几经演变，到中世纪以后逐渐成为一种人文主义理论，认为满足人的需要，实现人的价值，追求人的发展，体现人文关怀，才是人类应有之举。以人为本服务理念具有十分丰富的内涵，能够适应现代图书馆的发展。事实上，人文主义精神已经成为图书馆发展的合理内核和终极目标。

① 李海英.图书馆服务管理[M].北京:国家图书馆出版社,2011:8.
② 刘学平.公共图书馆公平服务所蕴涵的法律价值[J].图书馆,2010(1):19-21.
③ 虢湘玲.公共图书馆现代服务理念与现代服务内容[J].黑河学刊,2012(8):170-171.

正如美国学者约翰所说："在书籍和图书馆的历史中，人的因素始终是最关键的。"在图书馆工作实践和理论研究中体现以人为本的思想，就要"以用户为中心"，要把"一切为了用户""满足用户的一切合理需求"作为图书馆服务工作的出发点和最终目标；要使传统的以信息、知识、藏书等为核心转变为以"人"为核心，以"读者是否满意"作为衡量和检验图书馆服务工作的主要标准之一，提高读者满意度，并将其作为读者服务工作的品质目标。同时，图书馆馆员本身也要提高自己的人文素养，搞好服务，从而真正体现"读者是上帝"这一人文内涵①。因此，人性化服务不是口号，而是具体的行动，是细微之处见真情的服务。

（二）多元化服务理念

随着科学技术的发展，读者获取知识和信息的途径越来越广泛，读者的阅读方式和阅读内容日益多元化、多样化。除了传统的纸质阅读外，读者还需要直观、形象地从广播、电视、网络等各种媒体中轻松获取信息。读者通过这些媒体既能轻松快捷地获取各种所需信息，又能缓解生活的压力。因此，在多媒体时代，面对各类新媒体阅读形式快速发展的态势，图书馆一方面应该加强各类信息资源的建设工作，为读者获取信息提供更多的选择空间，另一方面要为读者提供更多的服务，服务时间上从有限变无限，服务空间上从封闭变开放，服务方式上从单一变多样，使图书馆呈现出多元化的发展前景。

（三）个性化服务理念

个性化服务是指图书馆充分考虑读者的个人特点和独特的信息需求，为读者提供个性化的信息环境，它包括个性化的检索方式、个性化的信息需求、个性化的用户界面以及个性化的信息处理方法。个性化服务无论是服务对象、服务内容还是服务方式，均从读者出发，处处体现"一切为了读者，为了一切读者"的服务宗旨。随着社会的发展，人们的自我意识逐步提高，读者对图书馆的要求不再千篇一律，他们希望能以自己最喜爱的方式获取最符合自己需要的信息。但是在传统的信息环境中，图书馆的文献形态单一，无法对其进行分解、组合，读者的信息检索方式也只有固定的几种，无法适应每个读者的检索

---

① 袁明伦.现代图书馆服务[M].成都:四川大学出版社,2013:16.

习惯。因此，读者的合理需求往往不能得到有效满足。如今计算机等信息技术的发展为图书馆个性化服务的开展提供了良好的条件。例如，图书馆拥有的丰富的数字化文献资源为个性化服务提供了物质保障，而便捷高效且多样化的信息检索方式使读者的个性化检索有了实现的可能。个性化服务的对象可以是个人，也可以是一个课题组或一个科研团队。没有个性化的服务，图书馆的工作就缺乏着力点，具体的工作就缺乏明确目标，整体的工作就缺乏精准方向①。可以说，图书馆开展个性化服务充分地体现了"读者第一"的服务观念。

（四）信息无障碍服务理念

方便快捷是广大读者对图书馆服务的基本要求，信息化时代最重要的就是速度。为读者节约时间已成为一种服务理念，有的图书馆提出了为读者提供限时服务，尽可能缩短读者在借阅中的等候时间，并在读者导引、空间布局、文献提供、网上咨询等图书馆服务的每一个环节和业务中体现出效率与质量。信息无障碍服务理念主要体现为任何用户（无论健全人还是残疾人，老年人还是年轻人）在任何时候、任何地方，都能平等、便捷地获得图书馆提供的准确、高效的信息服务。也就是说，图书馆能以最快的方式将读者最需要的知识信息传递给读者，使信息最大限度地传播和共享②。

（五）创新服务理念

创新是当代社会的一个主题，也是一个民族进步的灵魂，在全社会创新的环境下，图书馆服务当然也要创新，这关系到图书馆服务质量和水平的提升，也关系到图书馆能否满足读者的需求，适应社会的发展，从而促进图书馆事业持久发展。图书馆服务创新包括服务内容创新、服务方式创新、服务方法创新等多方面内容。图书馆服务树立创新服务理念，要求图书馆大胆提出服务创新的新思路、新方法，及时开展创新服务的实践，并在服务的过程中根据情势发展快速应变；要求图书馆要努力营造创新的氛围，培育图书馆馆员的创新意识、创新精神和创新思维。

---

① 王旭东.浅谈高校图书馆的服务理念[J].河套学院学报,2015(3):62-64.

② 袁明伦.现代图书馆服务[M].成都:四川大学出版社,2013:19.

第二章 高校图书馆服务关系的法律性质

一、高校图书馆在学校中的地位

高校图书馆是学校的文献信息中心，是为广大师生提供教学、科研服务的学术性机构，是高校信息化社会的重要基地，因此，高校图书馆一直被誉为"大学的心脏"，是读者的精神家园①。近年来，随着外界条件的变化，高校图书馆的服务内容与服务方式等都发生了深刻的变化：从纸质资源到数字资源，从馆内借阅到远程获取，从阵地服务到网络服务，从单一服务到多样化服务，从以文献资料为本到以人为本，等等。与此同时，为健全服务体系，做好服务工作，高校图书馆也在不断创新，图书馆的资源采购、组织、流通等环节随之发生了深刻变化，体现出了鲜明的时代特色。不过，无论社会环境如何变化，"读者第一、服务育人"都是高校图书馆永远不变的宗旨。

二、高校图书馆与读者之间服务关系的法律性质界定

服务是图书馆最主要的职责，因此，图书馆和读者之间的服务关系，是图书馆所参与形成的社会关系中最重要的关系。明确图书馆与读者之间服务关系的法律性质以及相关的法律法规，是图书馆更好地为读者服务的前提和基础。

---

① 蒋德凤,杨桂珍,易岳健,等.信息社会化视阈下高校图书馆社会服务创新机制研究:以广西大学图书馆社会化服务实践为例[J].农业图书情报学刊,2013(6):161-164.

（一）图书馆与读者之间的服务关系是法律关系

法律关系，是指在法律规范调整社会关系的过程中所形成的人与人之间的权利与义务关系。众所周知，图书馆与读者之间的关系是一种服务关系。读者有接受图书馆服务的权利，图书馆有向读者提供服务的义务。图书馆与读者之间的这种权利与义务关系由法律法规加以规定。在图书馆与读者之间的法律关系中，图书馆与读者之间的权利与义务是由图书馆法（广义的）所规定的。图书馆法有狭义和广义之分。狭义的图书馆法是指冠以图书馆名称，专门用来调整图书馆法律关系的法律法规，如《中华人民共和国公共图书馆法》（后文简称《公共图书馆法》）、《普通高等学校图书馆规程》、《省（自治区、市）图书馆工作条例》等。广义的图书馆法是指所有调整图书馆与读者之间法律关系的法律规范的总称，而不单单指上述狭义上的图书馆法，如《中华人民共和国民法通则》（后文简称《民法通则》）、《中华人民共和国合同法》（后文简称《合同法》）、《中华人民共和国著作权法》（后文简称《著作权法》）等。2015年修订的《普通高等学校图书馆规程》第四条规定："图书馆的主要任务是：（一）建设全校的文献信息资源体系，为教学、科研和学科建设提供文献信息保障；（二）建立健全全校的文献信息服务体系，方便全校师生获取各类信息；（三）不断拓展和深化服务，积极参与学校人才培养、信息化建设和校园文化建设；（四）积极参与各种资源共建共享，发挥信息资源优势和专业服务优势，为社会服务。"根据《公共图书馆法》的规定，在图书馆与读者之间的服务与被服务关系中，图书馆和读者各自享有相应的权利，承担相应的义务（后文将有详述）。关于图书馆方面的其他法律法规中也有类似的规定。法律既然明确规定了图书馆的服务职能和读者享受服务的权利，那么图书馆与读者之间的服务关系就是由法律规范来调整的，是一种法律关系。

（二）图书馆与读者之间的服务关系是民事法律关系

图书馆与读者之间的服务关系究竟是什么性质的法律关系，目前学界尚未达成共识，主要有以下三种观点：第一，消费法律关系论。持此观点者认为，读者是消费者，图书馆则是提供服务的经营者。虽然高校图书馆没有向学生直接收取费用，但学生每年向学校缴纳的学费中包含文献资料服务费，学生的缴费行为应视为购买图书馆服务的消费行为，因此，读者与图书馆之间的关系是消费者与服务提供者的关系，应由《中华人民共和国消费者权益保护法》（后文简称《消费者权益保护法》）调整①。第二，行政法律关系论。持此观点者认为，图书馆在提供服务时与读者结成的关系是管理与被管理、教育与被教育的行政关系，双方的地位具有不平等性。第三，民事法律关系论。持此观点者认为，图书馆与读者是两个相互平等的民事主体，图书馆与读者之间存在的法律关系是民事合同关系，并且这种合同关系具有公益性、强制缔约性、国家倾斜保护性等特性。

　　笔者认为，高校图书馆与读者之间的关系不属于《消费者权益保护法》调整范畴。原因主要有以下两个方面：第一，高校图书馆不是《消费者权益保护法》所说的经营者。根据《消费者权益保护法》的规定，以营利为目的是经营者的重要特征，也是判断某一主体是否属于《消费者权益保护法》调整范围的主要标准。但无论是《中华人民共和国高等教育法》（后文简称《高等教育法》）还是《普通高等学校图书馆规程》，都指出高校图书馆提供服务是不以营利为目的的，具有公益性。第二，读者也并非《消费者权益保护法》所说的消费者。消费者必须具有购买或使用商品或接受服务的行为这一特征，高校图书馆与高校教职工读者之间的服务与被服务关系不符合这一特征自不待言，那么高校图书馆与学生读者之间是否具备这一特征呢？消费法律关系论者认为，学生每年所缴纳的学费中包含文献资料服务费，学生的缴费行为应视为购买图书馆服务的消费行为。但事实上，根据有关规定，高校学生缴纳的学费不得超过年生均教育培养成本的25%，且其中的10%应当用于贫困学生的经济补助和困难家庭学生的学费减负，所以，高校学生缴纳的学费不是高等教育成本的全部，仅仅是个人受益于国家教育资源而对高等教育成本很少部分的分担，并不是购买高校教育服务的对价，学生的缴费行为谈不上是购买高校图书馆服务的行为，自然高校学生也就不是《消费者权益保护法》中所说的消费者②。

　　笔者认为，高校图书馆与读者之间的服务关系应是民事法律关系。民事法律关系是指民事法律规范所确认和保护的以民事权利和民事义务为基本内容的社会关系。民事法律关系具有以下特征：第一，民事法律关系是平等主体之间

① 吕冬梅.高校图书馆与读者之间的法律关系研究[J].河南图书馆学刊,2010(3):92-94.

② 吕冬梅.高校图书馆与读者之间的法律关系研究[J].河南图书馆学刊,2010(3):92-94.

的关系，一般自愿设立。民法调整的社会关系是平等主体之间的人身关系和财产关系，平等主体之间的关系没有上下、大小和等级之分，平等主体都具有作为民事主体的资格，彼此之间互不隶属。同时，民事法律关系不仅符合国家的意志，也体现了当事人的意志，一般是由当事人依自己的意思自愿设立。只要当事人实施的行为不违反国家法律规定且该行为体现其真实的意思表示，那么所设立的法律关系就受到法律保护。第二，民事法律关系是以民事权利和义务为内容的法律关系。民法调整社会关系是赋予民事主体权利和义务，因此，民事法律关系也就是民事权利义务关系。民事法律关系一经确立，当事人一方即享有民事权利，而另一方负有相应的民事义务。第三，保障措施具有补偿性和财产性。在民事法律关系的保障措施上，民事责任以财产补偿为主要内容，惩罚性和非财产性责任不是主要的民事责任形式，这体现了民法调整对象的平等性和财产性。

高校图书馆与读者之间的服务与被服务关系是通过合同形式建立起来的民事法律关系。第一，高校图书馆与读者主体地位平等。图书馆是高校的内设机构，不具备独立的法人资格。高校图书馆以服务教学、科研为目的，可以在学校授权的范围内对文献资源、办公设备、基础设施等行使自律管理权，从而拥有了行使内部自律管理权的民事主体资格。而读者在接受图书馆服务，利用图书馆文献资源及相应设备时也是独立的民事主体。读者自办理借阅证利用图书馆的那一刻起，就以实际行动表达了接受作为要约的图书馆规章约束的承诺，与图书馆成立图书服务合同关系。读者可以基于该合同，要求图书馆提供符合要求的服务，图书馆也同样可以在依照合同履行服务义务后向读者主张自己的合法权利。在这种法律关系中，图书馆与读者之间的主体地位是平等的。第二，高校图书馆与读者之间的法律关系体现了自治性。图书馆与读者通过服务合同形成民事法律关系，体现了双方意思的自治性和一致性。读者向图书馆申请办理借阅证和图书馆审查同意办理借阅证这一过程体现了双方缔结图书借阅服务合同的自愿性，图书馆有义务在办理借阅证的过程中告知读者《图书馆管理规定》《文献资源借阅制度》等规章制度，以便读者了解与借阅相关的权利和义务。图书馆管理规则中涉及读者权益的规定作为格式条款是服务合同的重要组成部分，可以认为读者取得借阅证时已经接受了这些格式条款①。有人认为，图书馆的规章制度作为格式条款成为合同的组成部分没有与读者充分协商，未能体现双方意思的自治性和一致性，因此，此种合同具有强制缔约性。实际上，《合同法》并不禁止格式条款，只不过依据《合同法》第四十条的规定，如果图书馆的规章制度违反了法律、行政法规或加重了读者的责任等，则当属无效条款，读者可依据《合同法》第四十条保护自己的合法权益。图书馆在与读者建立合同关系时将自己的意志强加于读者，这与民法的公平、自愿、诚实信用原则相悖。因此，为充分体现高校图书馆与读者之间合同缔结的自治性和一致性，高校图书馆在制定涉及读者权益的规章制度时，应当邀请读者参与，并充分听取他们的意见，这也是《普通高等学校图书馆规程》第八条所要求的。总之，不能因为图书馆与读者之间的合同中存在格式条款或者部分图书馆未尽告知读者图书馆各项规章制度的义务，而否定双方在法律关系形成过程中所表现出来的自治性和一致性②。第三，高校图书馆与读者之间权利义务的私法性和违反义务承担责任的补偿性。图书馆与读者之间的服务合同所约定的权利义务是民事权利和民事义务，不存在行政法上的权利和义务。例如，双方在合同中约定读者享有无偿使用阅览室、借阅文献以及使用图书馆设备等权利，图书馆享有服务方式和服务范围的选择权、追究违约读者责任的权利等。读者在享有权利的同时也承担相应的义务，如按期归还所借图书，不得污损、撕毁所借图书，不得损坏图书馆设施与财产，等等。读者若违反了这些规定要承担的是民事责任，而不是行政责任。图书馆可以依据《合同法》的有关规定要求读者支付违约金或赔偿损失，但图书馆在制定规则时应当慎重确定违约金和赔偿损失的数额。可见，高校图书馆与读者之间的服务关系是由图书馆法（狭义的）、《民法通则》、《合同法》、《消费者权益保护法》等法律法规中的民法规范调整的，围绕图书馆开展文献信息服务而产生特定权利和义务内容的社会关系。这里需要指出的是，民事法律规范并不仅仅存在于民法中，同样也存在于其他部门法中，这就是《普通高等学校图书馆规程》等行政法中存在民事

---

① 《合同法》第三十九条中规定："格式条款是当事人为了重复使用而预先拟定，并在订立合同时未与对方协商的条款。"

② 吕冬梅.高校图书馆与读者之间的法律关系研究[J].河南图书馆学刊,2010(3):92-94.

法律规范，并调整图书馆与读者之间服务关系的原因①。

三、高校图书馆与读者之间服务关系的主体、客体与内容

高校图书馆与读者之间的服务关系既然是法律关系，就必然具备法律关系的三要素：主体、客体和内容。

（一）图书馆与读者之间服务关系的主体

在图书馆与读者之间的服务关系中，图书馆和读者是主体，并且图书馆始终是该法律关系的一方主体，即使在因服务而发生损害赔偿的特殊情况下也是如此。图书馆因服务发生损害赔偿时，如果图书馆具有法人资格，则损害主体和责任承担的主体是一样的，都是图书馆。而如果图书馆不具有法人资格的话，则成立该图书馆的法人就会加入该法律关系，成为责任承担主体，但此时图书馆仍然是法律关系的主体，只是变成了侵权主体。读者是图书馆的利用者，并非图书馆内部的构成要素，而是与图书馆外部相关的、独立存在的主体。一个图书馆办得好不好，主要看读者对利用图书馆的期待程度、读者对服务项目和服务标准的信任程度、读者对服务人员素质和服务水平的认可程度。读者的主体地位一般表现在三个方面：一是读者对文献。文献是否符合读者需求，必须由读者做出判断。二是读者对图书馆馆员。图书馆馆员的服务态度、服务能力、服务效果必须由读者鉴定。三是读者对图书馆工作。图书馆的各项业务、制度规章、服务项目及设施是否符合读者利益与要求，必须由读者评价。

（二）图书馆与读者之间服务关系的客体

法律关系的客体是指法律关系主体之间的权利和义务所指向的对象。图书馆与读者之间服务关系的客体和一般法律关系的客体一样，是指图书馆与读者之间服务关系的主体的权利和义务所指向的对象。图书馆与读者之间服务关系建立的目的，总是为了保护、获取或分配某种利益，因此，这种关系的客体所承载的利益，是图书馆与读者之间关系成立的中介。概括来说，图书馆与读者

①王玉林.图书馆法律问题研究[M].合肥:合肥工业大学出版社,2009:31.

之间服务关系的客体可以分为物质利益和非物质利益，其范围主要包括物、精神产品和行为。

1.物

这里的"物"是指图书馆与读者之间服务关系的主体所支配的在图书馆事务中所需要的客观实体。物要成为图书馆与读者之间服务关系的客体，得符合一定的条件：一是符合我国法律对物的一般要求，如得到法律的认可；二是能为人类所支配，且独立为一体；三是能够满足图书馆事务的需要，与图书馆事务无关的物不能成为图书馆与读者之间服务关系的客体。例如，图书馆馆舍、图书馆设备、图书及视听资料等载体都能成为法律关系的客体。

2.精神产品

精神产品又叫"智力成果""无形财产"，它是人通过某种载体或大脑记载并加以流传的思维成果。精神产品的使用价值不在于它的物质载体，而在于它以无形的精神形态呈现的内容能够满足人们的精神文化需要，提升人们的智力水平、文化素养和道德情操等。精神产品是图书馆与读者之间服务关系中的重要客体，图书馆离开了精神产品就无法开办，而书籍只是精神产品的外在表现形式之一[①]。

3.行为

所谓"行为"是指人的有意识的、可以控制的作为或不作为。作为，又称积极行为，如图书馆的服务行为、读者借阅图书行为等；不作为，又称消极行为，如读者过期不归还图书的行为、图书馆不按规定开放的行为等。

值得探讨的是，信息是否属于图书馆与读者之间服务关系的客体？信息是指音讯、消息、通信系统传输和处理的对象，它可以以信号、符号、数据等形式存储、传递、感知和使用。就图书馆层面而言，信息是指一切有价值的情报和资讯。情报服务是图书馆业务之一，而诸如信息推送服务、信息咨询服务中的权利与义务所指向的对象就是信息，从这个意义上说，信息可以成为图书馆与读者之间服务关系的客体[②]。但是传统的民事权利客体只限于物、行为、智

---

① 何道利.图书馆法律关系探微[J].安康学院学报,2010(4):19-21.

② 王玉林.图书馆法律问题研究[M].合肥:合肥工业大学出版社,2009:13.

力成果与人身利益，并无"信息"这一角色。那么信息的民事权利客体地位应当如何确定呢？对此，学界存在分歧，但偏向于将信息归入物的客体范围加以保护。因为物的范围随着社会的发展而不断扩大，"有体必有形"的陈旧观念也逐渐被传统民法所抛弃，电力、热能、磁场也纳入有体物范围。按此理论，信息是否也可以通过物的扩张加以保护？笔者认为，信息是无形无体的，但无体物是物质财产结构下的法律拟制物，其存在基础于信息社会环境下已丧失殆尽①，所以，信息不应纳入"物"的范畴，而应当作为一种独立的并区别于物的新型民事权利客体。

（三）图书馆与读者之间服务关系的内容

图书馆与读者之间服务关系的内容是指在图书馆与读者之间所形成的民事法律关系中图书馆与读者所享有的权利和承担的义务的总和，包括图书馆的权利与义务以及读者的权利与义务两部分。

1.图书馆享有的权利和应承担的义务

权利是指法律关系主体依法取得的为或不为一定行为，以及要求他人为或不为一定行为的资格。图书馆权利是指图书馆为完成自身所承担的社会职责所必须拥有的自由空间和职务权利。在图书馆与读者之间的服务关系中，图书馆享有的权利主要有服务方式和服务范围的选择权、文献及服务设施的管理权、追究违约读者责任的权利等。图书馆的这些权利是图书馆职能所要求的，是由其在服务关系中的地位决定的②。义务是指法律关系的主体必须为或不为一定行为的法律约束。图书馆义务是指图书馆为了相关主体的权利的实现必须为或不为一定行为的法律约束。在图书馆法律调整状态下，图书馆权利是受法律保障的利益，其行为方式表现为意志和行为的自由。图书馆义务则是对法律所要求的意志和行为的限制，以及利益的付出。图书馆承担的义务主要有按约定提供服务，保证服务质量；提高文献资料采购质量，并妥善保管好文献资料；加强设备维护，保证读者能够正常使用；采取措施，保护读者信息隐私权；等等。图书馆的权利与义务直接来自法律法规的规定，并在特定的服务合同中得

---

① 刁胜先.论信息的民事权利客体地位[J].行政与法,2010(9):100-103.

② 王玉林.图书馆与读者之间服务关系的法律性质及相关问题[J].中国图书馆学报,2003(5):65-67.

以具体化。如《北京市图书馆条例》第十二条规定，图书馆可以多渠道筹集资金，用于图书馆建设。图书馆通过开展文献信息资源开发、利用等业务服务收取费用的，应当执行市物价行政主管部门核定的收费标准，并向社会公示。该规定表明，图书馆可以合法收取报酬（费用），但是否收取取决于合同的类型和约定。科技查新合同一般是有偿合同，图书馆可以收取必要的报酬，但如果因科技支持等原因而免除费用的，则不再收取报酬。由此可见，虽然法律规定图书馆有收取报酬的权利，但在未签订有偿合同前，它只是法律层面上的应然状态的权利，只有在签订具体合同后，它才变成实然状态的权利。也就是说，图书馆收取合理报酬的权利在科技查新等有偿服务合同中得以具体化。图书馆权利和图书馆义务是图书馆法律调整的特有机制，二者之间既对立又统一，相互依存，相互转化，共同构成图书馆与读者之间服务关系的核心内容。任何一项图书馆权利都必然伴随着一个或几个图书馆义务，没有图书馆义务，图书馆权利就无法实现，其存在也就没有意义。图书馆与读者之间服务关系的主体必须依照法律的规定享受权利，履行义务。不依照法律的规定享受权利、履行义务就会导致滥用权利、义务履行不够或履行瑕疵，必然侵犯其他图书馆主体的权利，若构成违法，就要承担相应的法律责任[①]。

2.读者享有的权利和应承担的义务

读者享有的基本权利包括文献资料使用权、图书馆设施使用权、文献采购参与权、信息隐私权、知情权、咨询权以及监督、批评、建议权等。文献资料使用权和图书馆设施使用权是读者享有的接受图书馆服务的最基本的权利，是实现读者获取图书馆文献信息资源，满足其学习、科研及其他需要的基本保证。文献采购参与权是为保证图书馆采购的文献资料能够符合读者需要而设立的一项权利。现在很多高校图书馆向读者提供各种荐书渠道，如读者网上荐订、采访人员深入院系征订等，方便读者参与文献资源建设，这是读者文献采购参与权得以实现的体现。信息隐私权是读者的一项重要权利，图书馆在服务过程中，可能接触到读者不愿公开的个人信息，读者有权要求图书馆对其工作中获取的个人信息保密。知情权是指读者有知悉图书馆服务项目、服务内容、服务质量、双方权利和义务真实情况的权利，这是读者接受图书馆服务的前

---

① 何道利.图书馆法律关系探微[J].安康学院学报,2010(4):19-21.

提。咨询权是为了让读者便捷地获取图书馆文献资料，更好地享受图书馆服务，实现文献资料使用权和图书馆设施使用权而设立的辅助权利。随着图书馆数字化进程的加快，咨询权对读者来说越来越重要，它将成为读者释疑解惑的重要途径之一，因此，咨询权也成为读者应该享有的主要权利之一。监督、批评、建议权，即读者享有对图书馆服务质量、服务范围、服务方式等进行监督，并提出批评、建议的权利。一直以来，许多图书馆对读者监督、投诉机制没有给予相应的重视，一些图书馆投诉机制不完善，投诉程序、处理机构不健全，导致出现了读者在权益受到侵害时投诉无门、投诉意见得不到及时反馈、合理可行的建议不被吸纳等情况。虽然有些图书馆设置了接受读者监督的条文，但在实际执行中却形同虚设，甚至个别图书馆还出现了"霸王"条款、"霸王"行为，严重侵害了读者的权益。因此，图书馆可以设置专职岗位，专门收集读者的批评、建议及处理读者权益受到侵害等事宜，改变读者投诉无门的状况。例如，一些图书馆通过设立网上参考咨询台，对读者提出的问题进行实时或非实时解答，取得了良好的效果，值得借鉴与推广。同时，图书馆要建立读者补偿制度，对在接受图书馆服务时人身财产遭受损害的读者，应当给予适当补偿①。实际上，在图书馆服务过程中，读者上述诸多权利并非完全得以实现，需要通过完善立法、图书馆的积极措施以及读者自身的努力形成合力，共同推进读者在图书馆的应然权利向实然权利转变。当然，读者在享受权利的同时必须承担一定的义务，在读者与图书馆之间因借阅行为而形成的民事法律关系中，读者的义务主要是遵守图书馆规章制度，爱护图书馆公共财物和缴纳应缴的费用，等等。

权利和义务是社会关系存在的基础，没有无权利的义务，也没有无义务的权利。但在读者与图书馆之间的服务关系中，权利义务的天平有所侧重。在图书馆的权利和义务中，义务是居于本位的，在读者的权利和义务中，权利是居于本位的，这是由图书馆的性质和地位决定的。毕竟，图书馆的存在是以图书馆与读者的权利和义务关系为基础的，图书馆有提供服务的义务，读者有利用图书馆的权利，否则图书馆和读者均不存在。理顺图书馆和读者之间权利与义务的辩证关系，有利于我们抓住矛盾的主要方面，即读者权利的实现有赖于图书馆责任和义务的履行，但读者也必须履行应尽的义务才能够享受权利。

---

① 周冬飞.图书馆服务中读者权利保护问题研究[J].晋图学刊,2008(3):22-26.

四、高校图书馆与读者之间服务关系的调整

(一) 调整图书馆与读者之间服务关系的主要法律法规

在我国，调整图书馆与读者之间服务关系的法律法规主要有图书馆法（狭义的）、《民法通则》、《合同法》、《消费者权益保护法》等。图书馆法是调整图书馆与读者之间服务关系的最直接的法律。现有的图书馆法如《公共图书馆法》《普通高等学校图书馆规程》《省（自治区、市）图书馆工作条例》《北京市图书馆条例》《上海市公共图书馆管理办法》等，都对图书馆和读者之间的权利和义务做了较为明确的规定，是我国目前调整图书馆与读者之间服务关系的主要法律规范。《民法通则》是调整民事法律关系的基本法律，对公民的民事主体资格、民事权利与民事责任等做了原则性规定。图书馆与读者之间的服务关系既然是民事法律关系，那么作为法律关系主体的图书馆和读者，其权利和行为能力都必须符合《民法通则》的要求。《合同法》是对基于合同而产生的法律关系进行调整的法律。合同是平等主体的自然人、法人和其他组织所实施的一种民事法律行为，是以设立、变更或终止民事权利义务关系为目的和宗旨的。图书馆与读者之间的服务关系实际是一种合同关系，双方的权利、义务由合同约定，图书馆与读者之间的服务合同主要包括文献借阅服务合同、文献信息检索服务合同、科技查新服务合同等。读者正是从与图书馆订立的各种类型的服务合同中感受到图书馆的服务质量与服务态度，并通过读者服务合同从图书馆获取自己需要的信息资源与良好的服务。因此，《合同法》是调整图书馆与读者之间服务关系的重要法律之一。现行《合同法》分则中明文规定了15种有名合同，包括买卖合同与赠与合同在内，因此，采购、交换、接受、赠与等文献收集适用买卖合同与赠与合同的有关规定。图书馆读者服务合同未包括在这15种有名合同之中，但这并不意味着图书馆读者服务合同可以不受现行《合同法》的规范。依照《合同法》第一百二十四条的规定①，图书馆读

①《合同法》第一百二十四条规定："本法分则或者其他法律没有明文规定的合同，适用本法总则的规定，并可以参照本法分则或者其他法律最相类似的规定。"

者服务合同除了可以适用《合同法》总则的规定外，还可以参照《合同法》分则中类似的合同予以规范，如赠与合同、保管合同等。合同有书面合同和口头合同之分，从表面上看，在图书馆服务过程中图书馆与读者之间没有签订书面合同，似乎不存在合同关系，但实际上很多是根据图书馆服务惯例而约定的口头合同，如读者言语上同意接受图书馆借阅制度规定的内容，图书馆为其办理借阅证，就是一种典型的口头合同。口头合同虽然便捷高效，但是出现纠纷之后，口头合同往往因缺少证据、责任难以区分而不利于纠纷的解决。因此，在服务中尤其是在有偿服务中，使用书面合同的形式较为妥当。《消费者权益保护法》也是调整图书馆与读者之间服务关系的法律之一，不过目前它主要调整二者之间的有偿服务。此外，有关读者隐私权方面的法律法规也是规范图书馆与读者之间服务关系的法律。随着计算机技术与网络技术在图书馆的广泛应用，读者隐私权保护问题日益得到关注与重视，因此，图书馆在服务（如借阅证办理、参考咨询、定题服务等）过程中收集和使用读者个人信息时应遵守信息隐私权方面的法律法规，切实保护读者的信息隐私权，防范因自己过错侵犯读者隐私权而承担的侵权风险。

（二）图书馆与读者之间纠纷的解决

图书馆与读者之间的服务关系是一种民事法律关系，因此，适用于解决民事纠纷的方式如协商、调解和诉讼等，同样适用于解决图书馆与读者之间在服务过程中产生的纠纷。解决图书馆与读者之间的纠纷的较好方式是协商和调解，因为这两种方式是在当事人自愿的基础上进行的，充分尊重了当事人的意思自治，既有利于问题的顺利、有效解决，又有利于图书馆与读者之间良好关系的保持，同时还可减少当事人在时间和精力上的耗费，节省了费用。诉讼是具有强制性的公力救济手段，虽然有利于纠纷的彻底解决，但这种方式不利于双方关系的保持，甚至会加剧双方的隔阂与矛盾，因此，诉讼是在不得已的情况下才使用的一种解决纠纷的方法①。目前，我国并没有专门规定图书馆服务中相关主体的责任承担方式，而是分别体现在《民法通则》《合同法》《著作权法》《消费者权益保护法》等法律规范中。例如，图书馆中污染图书、偷书、撕书等情况时有发生，为了保障其他读者的平等阅读权，保护图书馆财产不受

---

① 王玉林.图书馆法律问题研究[M].合肥:合肥工业大学出版社,2009:35.

侵害，必须对这些行为加强防范和制止，一旦发现，图书馆就要追究行为人的民事责任。《民法通则》第一百零六条第一款规定："公民、法人违反合同或者不履行其他义务的，应当承担民事责任。"第二款规定："公民、法人由于过错侵害国家的、集体的财产，侵害他人财产、人身的，应当承担民事责任。"从这两款规定来看，民事责任既包括违反合同的责任，也包括侵权损害的责任。污染图书主要是指在图书上涂写、划线、划圈、浸墨或做其他标记等行为，其结果当然会不同程度地影响到后续读者的阅读。污染图书，不论是有意还是无意，最终都造成了图书污染而影响阅读的后果，违反了图书馆借阅规则中有关借阅图书应当履行爱护图书的义务，因此，污染图书的读者，必须承担相应的法律责任。《民法通则》第一百一十一条规定："当事人一方不履行合同义务或者履行合同义务不符合约定条件的，另一方有权要求履行或者采取补救措施，并有权要求赔偿损失。"因此，图书馆可以要求行为人采取补救措施或赔偿损失。实践中，可视图书的实际损坏程度单独适用某种或合并适用多种责任承担方式。例如，对于用铅笔划线、圈点等轻度污染图书的情况，可适用"采取补救措施"的单一方式，只要求行为人擦拭清除痕迹而不作赔偿。对于损害较为严重而影响阅读的情形，可以在采取补救措施的同时，要求行为人赔偿一定的损失（例如图书馆重新贴条形码、磁条的物质损耗），或者在无法补救的情况下，让行为人给出相应的合理赔偿。但是在制订赔偿制度时，行为人违反合同义务所承担的赔偿责任，应与实际损失相符，这样既能使图书馆财产损失得到补偿，又能使读者心悦诚服、自愿接受，有利于营造健康、和谐的借阅环境。值得注意的是，对于撕页、用刀片切割相关重要章节等相对轻微的情况，图书馆可以要求行为人承担恢复原状、修理、赔偿损失等民事责任；而对于较为严重的偷书（如珍贵古籍、馆藏名人字画）等情形，构成犯罪行为的，行为人会受到刑罚处罚，承担相应的刑事责任，例如，曾某、牛某夫妇因盗窃某大学图书馆古籍分别被判处无期徒刑、有期徒刑四年[①]。另外，根据《著作权法》第

① "安大古籍被盗案"一审宣判 丈夫判无期妻子获刑4年［EB/OL］. http://ah.anhuinews.com/system/2015/07/08/006866812.shtml.

四十八条①规定可知，图书馆在服务过程中侵犯著作权的责任承担方式有民事责任、行政责任与刑事责任等多种方式。民事责任包括停止侵害、消除危险、返还财产、恢复名誉、消除影响、赔偿损失等；行政责任包括没收违法所得和侵权物品、销毁侵权物品、处以罚款；刑事责任包括徒刑、罚金、没收财产等②。由于行政责任与刑事责任并非图书馆服务过程中出现的责任方式的常态，所以本书主要探讨图书馆服务中侵权所引起的民事责任承担方式问题。

---

①《著作权法》第四十八条规定："有下列侵权行为的,应当根据情况,承担停止侵害、消除影响、赔礼道歉、赔偿损失等民事责任;同时损害公共利益的,可以由著作权行政管理部门责令停止侵权行为,没收违法所得,没收、销毁侵权复制品,并可处以罚款;情节严重的,著作权行政管理部门还可以没收主要用于制作侵权复制品的材料、工具、设备等;构成犯罪的,依法追究刑事责任。"

②朱品文.图书馆服务工作中若干问题的法律探寻分析[J].常州学院学报,2005(6):91-93.

第三章　高校图书馆常规借阅服务中的
法律问题研究

  图书馆借阅服务分为外借服务与阅览服务。外借服务是图书馆传统的用户服务方式，它是图书馆为了满足读者的阅读需求，允许有借阅权限的读者，凭借阅证或用其他有效证件作抵押到图书馆借书处办理借阅手续，获得自己需要的文献资料的一种服务方式。读者将自己所需要的文献资料从图书馆借出后，可以根据自己的情况随意安排阅读的时间与地点。外借服务极大地满足了读者集中时间阅读、利用馆藏文献的需求，是当前最受读者欢迎的服务方式。外借服务也有其局限性，主要在于它往往不能使读者的阅读需求得到全部满足，如有些文献已被其他读者借出而短缺，有些文献为了保存的需要（如古籍文献、大型丛书等）只能阅览而不能外借。此外，为了促进图书流通，提升图书利用率，平衡读者之间的借阅权，图书馆可以适当对读者借阅的册数、续借次数、借阅时间等做出一定的限制，例如，安庆师范大学图书馆本科生一次最多可以借阅图书6册（研究生15册），借期30天，可以续借1次①。阅览服务，又称内阅服务，主要是指在图书馆内部空间（如各种阅览室）开展各种阅读活动的服务方式。这种服务可以让读者充分利用图书馆提供的良好环境和馆藏文献进行长期的学习研究。当然，读者在阅览过程中也可以对需要的文献按照图书馆的有关规定进行复印。

---

① 鲁黎明.图书馆服务理论与实践[M].北京:北京图书馆出版社,2005:194-199.

一、超期罚款制度的法律探讨

（一）超期罚款的合法性与合理性

1.超期罚款的合法性之辩

为了促进文献资料的流通，保护文献资料载体的安全，国内许多高校图书馆针对读者逾期还书、污损图书、丢失图书等行为处以一定数额的罚款。以逾期还书为例，有的高校图书馆规定每册每天0.10元，有的高校图书馆规定每册每天0.05元，有的高校图书馆则规定每册每天0.20元。但随着我国法治建设的发展及民众权利意识的增强，作为高校图书馆惯常管理手段之一的罚款制度，其合法性受到学界的质疑。一种观点认为图书馆不具备罚款的主体资格，因为罚款的主体，是法定的国家机关，主要是国家行政机关；罚款的依据是国家依照法定程序制定颁布的法律法规，而不是一个机构的内部规则制度。因此，图书馆的超期罚款制度于法无据，应予以废止。另一种观点认为超期罚款制度实质上是图书馆与读者两个平等主体就服务事项达成的"契约"，应纳入《合同法》调整范围。第一种观点从行政法的角度，把图书馆定位为提供公共服务的事业单位而非行政主体，无权对读者违规行为实施罚款。这种观点的偏颇之处在于对我国相关法律的理解不够精确，并非只有行政机关才具有处罚权，社会公共组织在获得法律法规授权的情况下也可以行使处罚权。在我国现行法律制度下，图书馆进行超期罚款于法无据，因为法律意义上的罚款是一种行政处罚措施，只有行政机关才能依法行使，或者由法律授权的机构和社会组织依法定程序进行。图书馆既不是行政机关，也没有获得法律授权可以对读者违规行为进行罚款。虽然如此，但图书馆这种针对读者违规行为的处罚措施在实践中普遍存在，它已成为图书馆事实上享有的权利。

2.超期罚款的合理性分析

（1）历史合理性。文献资料是人类知识文化的重要载体，记录了人类在历史发展中的思想和实践印迹，图书馆作为文献资料的直接保护者和文献服务的提供者，应制定一些服务管理制度并贯彻实施，以促进图书馆文献资料的有序流通。超期罚款作为惯例在我国由来已久，早在20世纪初，民国年间的图书馆就有过期罚款大洋一分的记载；1918年，我国成立最早的国立北京大学图书馆就明确规定了"逾期罚款"制度。时至今日，不论是国内还是国外，超期罚款制度仍被绝大多数的图书馆所采用。可见，图书馆罚款制度具有历史实践性。"存在的就是合理的"，这一制度约定俗成地规范着借阅秩序，也被人们习惯地接受着①，具有历史合理性，可以将其视为图书馆业的一项业内惯例。

（2）现实合理性。图书馆既是文献服务的提供者，又是图书馆事务的管理者。图书馆管理是指图书馆为保护图书馆藏书、设备，保障图书馆正常秩序而进行的决策、组织、协调和处理等活动。图书馆管理的内容广泛，其中包括制定图书馆规章制度，对读者违反规章制度遗失图书、逾期还书等行为进行处理和处罚。如果图书馆没有权力对读者违规行为进行处理和处罚，那么，对于读者违规行为，图书馆只能请求行政机关处理或向法院起诉。从实际操作来看，高校读者逾期还书现象较为普遍，图书馆馆藏文献比较有限，这种行为降低了文献资料的流通率，也影响了其他读者的阅读权益。而图书馆对读者违规行为请求行政机关和司法机关处理是不现实的。一方面，读者违规行为较多，行政执法机构难以应付；另一方面，图书馆对读者损毁图书的行为向法院寻求司法救济，提起损害赔偿之诉，不仅程序烦琐、成本高、效率低，而且会增加司法机关的负担。因此，赋予图书馆罚款权是图书馆行使管理权的需要，具有现实合理性。

（二）超期罚款在适用中的修正

首先，从立法上赋予图书馆罚款权。在法律中明确规定图书馆有权对读者逾期还书、偷书等行为做出罚款决定，并明确图书馆赔偿款的计算方法、罚款的幅度、图书馆做出罚款决定的程序和读者对决定不服的救济程序等。这样，不仅使图书馆罚款的合法性得到解决，而且使图书馆罚款受到法律规范的约束和限制，从而避免图书馆滥用罚款权侵害读者的合法权益②。

其次，将罚款改为违约金。既然图书馆与读者之间所形成的法律关系是民

① 何承斌.严格责任原则在图书超期罚款中的适用[J].图书馆建设,2013(8):4-7.

② 周标龙.图书馆罚款的法律探讨[J].图书馆论坛,2008(2):164-165.

事法律关系，那么，图书馆为规范服务管理秩序而制定的规则，可视为民法上的格式合同，其确定的民事权利和民事义务，应为供需双方所遵循。权利和义务具有一致性，读者在享有借阅图书权利的同时，也需要承担相应的法律义务，比如按期归还所借的图书、不得在图书上乱写乱画、不得损毁丢失图书等。相应的，对读者违反借阅义务的行为，图书馆享有采取一定的措施进行教育或者惩戒的权利。从权利性质上看，图书馆享有的这种权利不应是行政管理权或行政处罚权，读者因自己的借阅行为所产生的责任也不应是行政法上的责任，而是民事责任。读者向图书馆借书构成了借用合同关系，符合合同成立的要件。因为图书馆规章是一种要约，读者办理图书借阅证是以自己的实际行动做出承诺，所以一旦图书借阅证交付读者手中，就表明借阅合同关系成立。读者接受图书馆规章制度的约束，享有免费借阅馆藏文献资料的权利，图书馆具有提供文献资源借阅服务的义务，双方是在平等、自愿的基础上签订合同并享有相关权利、履行相应的义务。民事责任在合同领域的一个体现就是违约金制度。因此，以法学理论为依据，对目前通行于各高校图书馆的罚款制度进行相应的修正较为妥当。读者逾期还书的行为在本质上属于合同法上的迟延履行行为，可以将高校图书馆对逾期还书的读者所实施的罚款变更为违约金。如此一来，既可以保持高校图书馆这一借阅规则的合理性，又能对其违法性进行修正，使其"名正言顺"，从而维护高校图书馆的借阅秩序和读者的平等借阅权①。

最后，以义务劳动冲抵超期罚款。以义务劳动代替罚款的办法是指：当读者违反图书馆相关规章制度时，可按情节的轻重规定读者必须在图书馆完成一定量的义务劳动以代替罚款。采取这种方式，一方面，既可以有效解决图书馆人力资源不足的问题，又可以充分发挥大学生的专业优势，帮助图书馆开展业务。例如，外语专业的学生可以自身外语水平的优势，帮助图书馆整理外文文献；计算机专业的学生可以自身专业技术特长帮助图书馆维护网络系统，使部分专业馆员从日常事务中解脱出来，致力于参考咨询、学科导航、科技查新等深层次服务②。另一方面，能够缓解供需双方的紧张关系。图书馆制订超期罚款制度的出发点是为了促进文献正常、有序的流通，更好地为读者服务。超期

① 梁洁欣.论高校图书馆罚款规则：以"逾期罚款"为例[J].市场论坛,2010(6):82-83.

② 颜先卓.高校图书馆引入义工初探[J].图书馆杂志,2010(6):46-47.

罚款制度因图书馆不具备罚款的主体资格或者容易异变为职工谋取福利的创收手段，为部分读者所质疑与诟病，加剧了读者与图书馆的矛盾冲突，影响了图书馆和谐环境的构建。义务劳动者在义务劳动的过程中，能够零距离接触图书馆，深入细致地了解图书馆的工作职能和价值，可以在一定程度上消除图书馆与读者之间的隔阂，增强自觉遵守图书馆规章制度的意识，有利于图书馆的和谐发展[①]。图书馆在进行义务劳动制度设计时，需要统筹考虑多种因素，达到既可以规范读者借阅秩序，又能够务实推行之目的。例如，对于义务劳动的时限以加权法计算较为妥当，加权数值等于各单位的标志值与各标志值出现的次数（权数）的乘积，其中权数对于加权数值大小的影响起着重要的权衡作用。例如，安庆师范大学图书馆对于义务劳动冲抵违约金的规则时间（标志值）设置为：超期30天以内，义务服务1小时；超期30～60天，义务服务2小时；依此类推。以安庆师范大学义务劳动冲抵违约金的规则为例，如果将超期30天以内、超期30～60天、超期60～90天……的权数分别设定为1，1.5，2…，以0.5为单位递增，那么相应的义务劳动时间分别为：超期30天以内，义务服务时间=1×1=1（小时）；超期30～60天，义务服务时间=2×1.5=3（小时）；超期60～90天，义务服务时间=3×2=6（小时），依此类推。可见，逾期时间越长，权重越大，义务劳动者就要付出更多的时间与成本。另外，对义务劳动的运用应灵活变通。制度的生命力在于有效执行，否则即便设计再良好的制度也形同虚设。如果读者选择义务劳动冲抵违约金，但是在履行过程中因为客观原因（如病假、转学）或主观原因（不愿意承受劳动之累）等，致使义务劳动难以继续执行的，图书馆可以采取恢复交纳违约金的办法。对于既不履行义务劳动又不愿支付违约金的，可以锁定其借阅权限，并将其纳入失信名单，限制其利用图书馆的权利，以此引导其树立遵纪意识、诚信意识，促使其有效履行图书馆义务劳动制度。那么，对于这类读者是否可以通过公示的方式予以惩戒呢？笔者认为，应当慎重选择网站公示或张贴公示的惩戒方式，因为可能涉及读者的隐私权保护问题，易使读者名誉受损，容易加剧读者与图书馆的对立与冲突，影响和谐借阅关系的构建。

---

① 左文明.高校图书馆开架阅览管理新探：谈对违规读者处理的新举措[J].图书馆论坛,2004(3)：184-185.

（三）规范超期罚款现象的制度设计

1.强化教育培训

这里所说的教育培训分别面向读者与图书馆馆员进行。读者是借阅的主体，借阅超期行为主观表现形式多样，责任心缺失、心存侥幸的有之，懈怠松弛、疏于归还的有之。虽然表现形式各异，但都表现为思想上的不重视，无论是故意或过失，都存有主观过错，危害性较大，是制度设计防范的重点。因此，图书馆应从思想根源上入手，提高读者的公共道德意识水平，培育其责任意识。图书馆可以在图书馆网页上开辟宣传专栏，主要展示借阅流程、借阅期限、借阅册数、续借程序以及违规处理等内容，形成宣传教育的常态化，也可以通过开展新生入馆教育活动、以世界读书日为切入点的读者服务月活动、以数字资源更新为契机的系列专题知识讲座等强化读者自觉遵守图书馆规章制度的意识，尽力减少超期行为的发生。另外，图书馆服务效率和图书馆作用发挥的程度都与图书馆馆员的素质密切相关，然而图书馆进人渠道的多样性造成了图书馆馆员队伍的参差不齐。在流通一线从事借还工作的馆员如果不能熟练掌握计算机操作技能和具备热情、耐心、细致的服务意识，面对穿梭不停或者一拥而上的众多读者，容易忙中出错，甚至易与读者产生冲突。因此，针对馆员专业技能及职业素质方面的不足，图书馆可采取培训、进修、交流等多种途径提升馆员专业服务技能，强化服务意识，督促馆员以积极、主动的姿态维护读者的合法权益[1]。

2.实行定期催还制度

虽然图书馆服务的目的是鼓励读者多借书、多读书，但是读者"过度"消费图书容易导致借阅超期，侵犯了其他读者的平等阅读权，因此，图书馆有必要实行定期催还制度，这样既可以加快图书文献的流转，维护其他读者的权益，又能及时提醒读者按时归还图书文献，尽量避免因超期罚款遭受经济损失。具体而言，可利用图书借阅管理系统的过滤功能将当天即将过期的读者名单及相关情况展示给总还书处，由总还书处通过电话、短信、电子邮件等多种方式进行催还。事实上，图书馆现代化、自动化管理系统可以实现催还通知的

---

[1] 何承斌.严格责任原则在图书超期罚款中的适用[J].图书馆建设，2013(8)：4-7.

实时发送，只要读者使用"一卡通"就能收到催还信息。定期催还工作不仅对读者具有督促、警醒功能，还具有一定的惩戒功能，读者因超期行为要承担一定的后果，例如，某图书馆规定自催还通知书规定的还书期限的次日起每册每天收取违约金1元，从而促使读者在今后借阅中更加自律。当然，图书馆的催还制度要受到诉讼时效的限制。诉讼时效是指权利人在法定期限内不行使权利，即丧失请求人民法院依诉讼程序强制义务人履行义务的权利。诉讼时效一般为3年，针对债权请求权而行使。图书馆对读者基于借阅合同关系享有债权返还请求权，当借阅超期时图书馆可请求读者返还所借图书，如果超过规定借阅期限未还就意味着图书馆的债权返还请求权受到了侵害，从超期第一天开始计算为期3年的诉讼时效，如果在超期借阅行为发生后图书馆积极通过诸如发催还通知、手机短信、电子邮件等方式行使追索权，或借书人明确表示将尽快归还，则图书馆的返还请求权时效发生中断，应重新计算期限，获得法律持续性保护。如果这种请求权长期未行使，也就是说图书馆对于读者的债权长期没有积极主张，致使这种债权长期处于悬而未决的状态，必然影响图书馆正常的借阅秩序。图书馆未向超期读者索要图书，而读者自己也忘记归还，则3年期限经过后，尽管图书馆并不会因为几本图书而提起诉讼，但是从法律角度讲，图书馆对于读者所借图书的返还请求权将丧失法律强制性保护。图书馆怠于行使权利，说明其对自身权利并不关心，自然不应获得法律的长期保护。3年期限过后，如果图书馆继续向借阅者索要而借阅者归还图书或者借阅者想起借阅事实而自动归还的仍然有效，因为图书馆对借阅人的实体性债权请求权仍然存在，只是丧失法律强制保护。即便已过3年时效期，图书馆无法从图书借阅人手中依债权请求权索回图书，但图书馆对此图书仍然享有所有权，因为所有权不适用诉讼时效，图书馆此时可依照其所有权追及效力要求借阅人返还所借图书，在图书丢失毁损的情况下可以要求借阅人赔偿相应的损失。当然这种措施的应用以通知到借书人让其知晓为适用前提，否则有违法律的公平公正①。

3.设立诚信制度

图书馆设定借阅期限的目的是为了加快图书馆文献资料的流转速度，提升文献资料的利用率，维护读者平等利用图书馆的权益。然而，在实践中，虽然

---

① 孙强.借书违约法律问题研究[J].图书馆,2014(3):108-110.

图书馆对逾期不还图书的读者进行了一定的处罚，但逾期不还的情况仍然时有发生，甚至存在读者将一些珍贵的图书长期占据不还的现象。究其原因，主要在于部分读者诚信道德的缺失，而图书馆也缺乏对诚信的有效监督、制约机制。因此，借鉴西方国家图书管理制度中的个人诚信制度来规范读者借阅行为，不失为行之有效的举措。具体来说，就是将诚信制度设置为图书借阅管理中的"软"措施，其总体思路就是对读者的借阅行为进行全程跟踪记录，并设计诚信初始分值，根据读者履行借阅义务的积极态度或消极态度，给予一定分值的加减，对于诚信分值高的读者，可以给予一定的图书馆特别服务（如预约申请优先），而对于诚信分值过低者，则可以限制其某方面的权利（如减少借阅册数、缩短借阅期限等），甚至冻结逾期读者的使用权限，从而引导读者讲究诚信，培养其自觉遵守图书馆规章制度的意识。读者依法享有使用文献资料的权利，同时也有不得侵害其他读者合法使用的义务，不能按时归还所借图书，随之就丧失了继续使用图书馆的其他权利，直至归还超期图书之后[1]。事实上，许多图书馆自动化系统都有对超期借阅证自动限用的功能，使得超期图书未还的读者无法继续使用图书馆资源，并且也起到很好的超期提醒作用。图书馆门禁系统如果也加载这一功能，对于读者利用图书馆的权利影响更大，也就更能迫使读者尽快归还超期图书[2]。

4.合理设定借阅权限

当前根据读者类型进行借阅权限划分的图书馆较多，例如，部分高校图书馆将阅览室划分为学生阅览室和教师阅览室，教师阅览室中很多资源在学生阅览室中没有，学生不能进入教师阅览室。另外，学生读者与图书馆的其他类型读者（如教师、科研人员）相比，借阅权限也相对较低。这种区别服务，既为一般读者利用图书馆人为地设置了不应有的障碍，也有悖图书馆平等服务原则。图书馆应该"同质平等无差别地对待每一个读者"，合理合情地设定图书借阅权限，最大限度地满足读者的需求，激发读者利用图书馆的积极性[3]。另外，图书馆借阅权限的设定，既要注重维护读者平等的借阅权，又要注重借阅

---

① 李立新.图书馆罚款论[J].图书馆理论与实践,2007(1):73-75.

② 牛振恒.对借书逾期罚款制度的商榷:兼谈借书逾期的控制策略[J].情报资料工作,2007(6):85-87.

③ 朱远春,杨光,卢秀英.试论高校图书馆借阅权限分配[J].图书馆,2011(1):123,130.

服务过程中的人文关怀，充分考虑读者的特殊情况，使其更具人性化和可操作性。以安庆师范大学图书馆为例，国庆假期结束以后，一般来说是考研学生备考的关键阶段，因此，图书馆对考研学生在此阶段的借阅权限进行了调整，图书可借阅册数从5本增至10本，借阅期限从60天延长至90天，这样的人性化管理解决了考研学生借阅超期的后顾之忧，有利于学生集中精力备考。

5.完善图书馆规章制度

读者借阅超期行为的发生可能是图书馆管理制度的缺漏所致，因此需要完善图书馆相应的管理制度，以便最大限度地减少借阅超期的可能性。例如，服务承诺制是以公众的广泛介入和监督为主要手段，通过公开承诺和社会监督改善公共服务水平和服务质量、提升公众满意程度的有效机制，在图书馆借阅工作中推行服务承诺制是减少借阅失误、提高读者满意度的有效措施之一。图书馆向读者公开承诺的内容应该包括服务内容（如开放时间、借阅环境）、服务流程（如续借预约办法、自动借还程序）、服务标准（挂牌上岗、行为规范、态度要求）。服务承诺具有规范性和约束性，它将图书馆馆员的服务及对读者的责任和义务变成一种单方契约，并将其置于广大读者的监管之下，是一种相对稳定的服务制度。同时，对于馆员在制度执行过程中的疏忽、懈怠等失职行为，图书馆应建立相应的惩戒措施，避免因制度缺位而催生超期行为的可能性。另外，图书馆应组建技术专业队伍负责全馆设备及数据的更新维护，定期检修图书馆设备使用情况，通过建立基础保障定期检修制度，尽可能地降低设备使用故障发生的概率，减少因机器、设备故障而导致借阅超期行为的发生。

二、惩罚性赔偿制度的法律探讨

图书丢失、损坏是图书馆借阅服务过程中常见的现象。图书丢失、损坏会直接侵害图书馆的图书所有权，图书丢失要用赔偿损失来解决，图书破损如果比较轻微，可通过修补、粘贴等补救措施来解决，如果破损严重无法采取补救措施的，比如许多书页被撕毁，则只能用赔偿损失来解决。赔偿损失是民事侵权行为人和违约人依法应当承担的一种民事法律责任。赔偿有补偿性赔偿与惩罚性赔偿之分。补偿性赔偿是以受害人实际遭受的损失为赔偿额度的赔偿，损失多少赔偿多少。而目前高校图书馆对于读者丢失、损坏图书的赔偿多数具有惩罚性。

（一）惩罚性赔偿的内涵

惩罚性赔偿是英、美、法等国家在司法实践中经常采用的一种民事赔偿制度，是一种赔偿数额超出实际损害数额的赔偿形式[①]，又称示范性赔偿或报复性赔偿。1993年，我国《消费者权益保护法》首次引入惩罚性赔偿制度，之后在《合同法》《食品安全法》《侵权责任法》等法律中得到进一步的确定。与补偿性赔偿相比较，惩罚性赔偿具有以下特点[②]：第一，从目的和功能来看，惩罚性赔偿是由赔偿和惩罚所组成的。它的功能不仅在于弥补受害人的损失，而且在于惩罚和制裁严重过错行为。补偿性赔偿是以受害人所受的实际损失为赔偿额度的赔偿，体现了民法的公平原则，它是我国主要的民事赔偿责任方式。惩罚性赔偿除了具有补偿性赔偿弥补实际损失的功能之外，还具有两大独特功能：一是惩罚功能。惩罚功能主要是指通过对不法行为人施以严苛的经济负担（高于甚至几倍于不法行为人所获得的不法利益），使其受到应有制裁，它弥补了补偿性赔偿威慑性不足的缺点。二是预防功能。预防功能又称遏制功能，它在惩戒不法行为人的同时，会令其他意欲效尤者望而却步，从而吓阻其在将来从事相同或类似行为。第二，从责任的构成要件来看，虽然惩罚性赔偿制度的适用同补偿性赔偿制度一样也以实际发生的损失为前提，但赔偿数额主要不以实际损失为标准，而要特别考虑不法行为人的主观过错、赔偿能力等因素。第三，从赔偿范围来看，惩罚性赔偿并不以实际的损失为限，其数额均高于甚至大大高于补偿性赔偿。第四，从能否约定来看，惩罚性赔偿的数额可能是由法律法规直接规定的，也可能是由法官或陪审团决定的，但不能由当事人自由约定。例如，《合同法》允许当事人对违约损害赔偿的标准、范围等事先予以约定，这种约定可能具有惩罚性，但当事人之间的这种约定并不是惩罚性赔偿。综观各图书馆对丢失或损坏图书的赔偿标准，从2倍到20倍不等，而对于诸如古籍善本、线装书、外文原版书以及成套丛书等特殊图书则赔偿倍数更

---

① 毕玲.高校图书馆文献资料借阅制度法律解析[J].山东图书馆季刊,2008(1):19-22,47.

② 王利明.惩罚性赔偿研究[J].中国社会科学,2000(4):112-122.

高。如某高校图书馆规定丢失图书按图书年代乘以系数作为基数，一般中文图书按现价的5倍赔款，外文图书按现价的10倍赔款①。

（二）惩罚性赔偿的正当性与限制性

1.惩罚性赔偿的正当性

长期以来，惩罚性赔偿制度虽然以其独特功能维系着图书馆借阅的秩序，也成为约定俗成的惯例，但是，一些赔偿额度过高的惩罚性赔偿越来越为读者所诟病，常常成为引起读者不满情绪的导火索。对此有人引用教育部2002年印发的《普通高等学校图书馆规程（修订）》第二十条规定说明对丢失、损坏图书进行惩罚性赔偿的正当性，该条规定："高等学校图书馆应教育读者遵守规章制度，爱护文献资料和图书馆设施。对违反规章制度，损坏、盗窃文献资料或设备者，按照校纪、法规予以处理。"也有人认为该条规定虽然明确指出可以按校纪、法规处理图书馆文献资料损坏者、盗窃者，但并没有哪条法规规定了高校图书馆甚至高校可以对损坏文献资料的行为人做出罚款处罚。行政处罚必须由法律、法规等来设定，既然高校无权对学生实施罚款处罚，校纪就不能擅自设定图书馆的罚款处罚权，所以该条文不能作为图书馆实施罚款处罚的依据。还有人认为，借阅人借阅图书是为了增长知识，服务社会，是非营利性的公益行为，即便所借的图书丢失、损坏，借阅人也不会因此而获益，图书馆也不具备获得惩罚性赔偿的因由，所以不应对丢失、损坏图书行为适用惩罚性赔偿②。图书馆可以通过多种渠道对读者进行教育，通过提供多样化服务的方式来帮助解决此类问题，如提供低价复印、免费图书扫描等服务帮助读者获取稀缺图书资源，让他们能够方便地使用这些资源，而非仅仅通过罚款的方式，且这种处罚起不到治本的作用。当然，有人提出有些借阅者为了达到对某种图书资源的占有而故意谎称图书丢失，如果让其只赔图书损失起不到警示效果，确定惩罚性赔偿的目的就是让不法行为人无利可图，甚至产生负效益，以此扼制这种不法行为。可见，对于丢失、损坏图书是否能够适用惩罚性赔偿仁者见仁，智者见智。

---

① 关于图书丢失、损坏、违章的赔偿规定[EB/OL].http://www.lib.cau.edu.cn/libinfo.php?mid=16.

② 孙强.借书违约法律问题研究[J].图书馆,2014(3):108-110.

那么惩罚性赔偿制度是否具有适用的正当性呢？无论是从经济学角度还是从法律角度来看，该制度都具有适用的正当性。其一，从经济学角度来看。在法律经济学的视野下，个人是其自身行为的最佳判断者。通常情况下，在既定的约束条件下，理性的行为人或追求功利最大化的行为人，通过对不同行为之间成本和收益的差异计算来权衡守法与违法、侵权与非侵权的妥当性。图书是图书馆发挥服务功能、育人功能的主要载体与物质基础，它的特殊性在于凝结了图书馆馆员的二次劳动。图书从开始采购到最后投入流通与读者见面，经过了书目征订、拆包验收、分类著录、登记盖章、上架排序等十几道工序，无不凝结着图书馆馆员的辛勤劳动，更何况还附加书标、磁条、条形码等物质损耗，丢失图书不仅使图书馆馆员的辛勤劳动化为乌有，而且在一定时间内影响他人的借阅。补偿性赔偿难以对不法行为人形成阻吓，反而可能使某些行为人借此机会为自己谋取利益，诸如一些"精明"的读者以假借丢书为名将一些市场上难以购买而自己需要的图书"合法"地长期占有，人为地造成馆藏资源的流失。因此，除非有着强烈的风险偏好，自利性本质的行为人一般会选择守法来规避惩罚性赔偿施加的严苛的经济负担，从而避免遭受经济上甚至精神上的苦痛。这也是惩罚性赔偿在图书馆广泛使用的目的之所在[①]。其二，从法律角度来看。文献资料借阅制度就是图书馆与读者之间在服务过程中形成的民事契约。契约又称合同，是平等主体的自然人、法人、组织之间设立、变更、终止民事权利义务关系的协议。当事人一方是图书馆，既是文献资料的管理者，又是文献资料服务的提供者，既享有文献资料的管理权，又承担向读者提供文献资料服务的义务；另一方是以学生为主体的读者，既享有接受文献资料服务的权利，又有遵守图书馆文献资料管理规定的义务。读者自办理图书借阅证的那一刻起，以实际行动与图书馆建立文献资料借阅合同关系，自愿接受图书馆规章约束，在享受图书馆为其提供借阅服务权利的同时，也要承担丢失赔偿的义务。公平与正义是法律制度永恒的价值与理念，是各国法律制度努力追求的目标。惩罚性赔偿是一种通过治理主观不法侵害行为而维护社会秩序、促进社会和谐的有效的法律工具，内在地包含公平、正义等价值理念。惩罚性赔偿制度存在于图书馆中不仅仅是维护图书馆利益，更为重要的是维护所有读者平等的

① 何承斌,汪斌.论惩罚性赔偿制度的适用[J].大学图书情报学刊,2016(1):18-21.

借阅权。"书是为所有人用的，任何人都无权无限期地占用图书馆的文献。"①
经济惩罚只是手段，保障所有读者的平等借阅权利才是目的。

2.惩罚性赔偿的限制性

惩罚性赔偿在图书馆适用中也具有限制性，这是由图书馆与读者供需双方
主体的特殊性所决定的。首先，服务性是图书馆工作的本质属性，也是图书馆
一切工作的出发点和落脚点。德鲁克指出："图书馆是为它所服务的那些人
（读者）而存在的，而不是为了图书馆员工存在的。"读者是图书馆存在的价值
和意义，也是图书馆产生和发展的原动力。从这个意义上说，读者是图书馆服
务的消费者，而消费对象具有广泛性和不确定性，这就需要图书馆承担一定的
审查和注意义务，比如赔偿幅度的客观性、合理性，对赔偿条款予以解释、说
明、提醒等。否则，服务中的些许瑕疵都容易被放大，将会产生不良的示范效
应和广泛的负外部效应。其次，惩罚性赔偿适用于对处于强势地位的行为人的
严重过错、严重违背道德的行为进行惩戒。如果仅用补偿性赔偿难以对造成损
害的强势方起到制裁作用，那么只有通过惩罚性措施以强化不法行为人的经济
负担才能达到制裁目的。但是对读者而言，读者借阅文献资料的主要目的是为
丰富自身的科学文化知识，而且读者相对于图书馆并不是强势方，只要读者想
利用某图书馆的资源，都要接受该图书馆预先拟定好的格式条款的规定，违反
此规定就会面临图书馆的责任追究。读者实际不具备与图书馆就惩罚性赔偿条
款进行协商的权利，只能被动接受，可见读者在图书馆面前至多只能算是一个
平等主体，甚至有时会处于弱势主体地位。在此状态下，要求读者交纳超过图
书价值几倍的罚款，则可能使图书馆获取了额外的收益，让读者承担了过高的
责任，既有违图书馆的公益性，也使双方权利义务形成一种不对等性。另外，
高校图书馆作为校园精神文明建设的重要基地和大学生的第二课堂，承载着培
养适应社会需要的高素质人才的育人功能。正如李大钊所说："图书馆不仅是
藏书的地方，更是育人的机关。"从这个意义上说，"经济制裁"引入图书馆乃
是误入禁区。更何况，惩罚性赔偿首次引入《消费者权益保护法》的目的是强
化对弱者的保护，在此后法律适用中这一功能得到进一步彰显。就此而言，当
读者因借阅图书而与图书馆发生利益冲突时，对于读者这个特殊群体应给予一

①康思本.图书超期罚款的反思[J].内蒙古科技与经济,2008(1):120.

定倾斜性保护，以实现实质意义上的公正和平等。最后，读者责任能力不足，容易扩大矛盾。由于有些图书具有难以替代与补充的特性，图书馆不采用按定价赔偿的方式本是合理的，但过高的赔偿额度，将使读者承受很大的经济压力，尤其高校图书馆的服务对象大部分是学生读者，其经济来源大都依靠家庭供给，经济拮据的学生甚至维持基本生活都难，更不用说支付加倍的赔偿金了。一旦出现纠纷，读者经济能力的不足容易加剧其与图书馆的矛盾冲突，甚至将这种经济责任转嫁到家庭，促使图书馆负外部效应进一步扩展和外溢，将会产生不好的社会影响。

（三）惩罚性赔偿制度适用的规范措施

图书馆确立惩罚性赔偿制度本意是为惩戒违反图书馆管理规定的读者，维护图书馆管理秩序，然而伴随法治中国建设的推进和民众法治意识的增强，图书馆赔偿额度过高，带有惩罚性的赔偿规定越来越为读者所诟病。鉴于此，图书馆对于丢失、损坏图书的行为应制定合理科学的制度加以规范。其一，可以要求读者提供与丢失、损坏图书相同的原本或复制本，即"以书赔书"。"以书赔书"就是读者遗失图书后自己去购买一本相同版本的图书（或经图书馆同意后的新版图书）交给图书馆，再另外支付一定的工本费（图书馆收到读者抵赔图书后的分类、打号、建库等人工费和磁条、条形码的材料费）。丢失图书的责任应当仅限于图书馆因此所受到的损失，即原书的价格，以及为加工此书所支付的合理费用[1]。书是图书馆最根本的物质载体，也是图书馆做好服务工作的根本前提。采用"以书赔书"的方式在图书出版发行业日益发达的今天可以运用多样化渠道去实现，既保障了图书馆藏书的完整性和连续性，维护了图书馆的利益，又尊重了读者的感情，提高了读者赔偿的积极性。其二，如果丢失、损坏的图书年代久远，读者很难找到替代本，此时图书馆可以要求读者赔偿损失，即"以款赔书"[2]。"以款赔书"是指读者将采购成本折算为现金支付给图书馆，由馆员代为寻找购买。这种方式在现实适用中备受诟病，原因在于现行制度规定的赔款额度与实际重置成本出入太大。综观各图书馆对遗失或损坏图书的赔偿标准，从2倍到20倍不等，而对于诸如古籍善本、线装书、外

---

① 王一心.论法律意识对图书馆杜绝侵权的作用[J].大学图书情报学刊,2010(3):18-20,82.

② 孙强.读者借阅图书丢失、损毁引发的惩罚性赔偿问题探析[J].图书馆工作与研究,2015(11):50-52.

文原版书以及成套丛书等特殊图书则赔偿倍数更高，没能客观地反映图书进入图书馆所产生的实际成本。图书馆制定丢书赔偿制度的初衷是补偿图书馆的损失，但是赔偿标准存在较大的弹性空间以及监督机制的缺失，容易异变为营利行为。因此，在赔偿制度中确定一个与重置成本相符的合理额度尤为重要。

重置成本是会计学术语，指企业重新取得与其所拥有的某项资产相同或与其功能相当的资产需要支付的现金或现金等价物①。基于此，笔者提出以历年图书平均价格折合倍数来计算赔偿金额。具体而言，以最近一年（如表3-1中的2015年）图书的平均价格为基准，计算出某年图书平均价格折合倍数，即某年图书平均价格折合倍数=最近一年图书平均价格/某年图书的平均价格；然后算出赔偿金额，即赔偿金额=原书定价×图书平均价格折合倍数。以商务印书馆出版的《论法的精神》为例，2007年版的定价为21.8元，2012年版的定价增长至44元。如按某高校图书馆的规定，2000年以后出版的图书按原价3倍赔偿，2007年版的应赔金额＝21.8×3＝65.4（元），2012年版的应赔金额＝44×3＝132（元），都远超实际价格。如果按照历年图书平均价格折合倍数法赔偿：2007年版的应赔金额＝21.8×1.44＝31.39（元），2012年版的应赔金额＝44×1.12＝49.28（元），均接近实际价格。因此，应抛开传统分段划分赔偿倍数的思维方式，按每年的图书平均价格折合倍数来计算应赔付的金额。此种方式既合理又具有很强的操作性，例如，可以在图书馆书库中按中图分类法顺序分别抽取2005年至2015年出版的32开的、300~400页的平装图书两册，每年共抽取50本，计算出平均价格。更为简便的方法就是通过各馆历年的财务报表计算图书平均价格，即通过图书馆历年的购书总数量与购书总金额计算出历年图书平均价格，再以最近一年图书的平均价格为基数，就可以计算出图书平均价格折合倍数。为了保证总以最近一年的平均价格作为基数，表3-1应每年动态更新。

表3-1　2005—2015年图书平均价格及其折合倍数②

年份/年	图书平均价格/元	图书平均价格折合倍数
2005	36.75	1.64

① 何承斌.浅议论图书馆"惩罚性赔偿"制度的废止[J].图书馆工作与研究,2015(5):47-50.

② 说说图书定价的"贵"问题(一)——中国的书价贵吗？[EB/OL].https://www.douban.com/note/653130034/?type=like.

续表

年份/年	图书平均价格/元	图书平均价格折合倍数
2006	39.88	1.51
2007	41.80	1.44
2008	43.35	1.39
2009	45.53	1.32
2010	47.34	1.27
2011	51.59	1.17
2012	53.57	1.12
2013	54.71	1.10
2014	55.15	1.09
2015	60.26	1.00

按照历年图书平均价格折合倍数来计算赔偿金额，计算方法简单且公平合理，既没有给读者造成巨大的经济压力，较好地体现了损失多少赔偿多少的补偿性赔偿精神，又能弥补馆藏损失，保证馆藏的完整性。另外，公示赔偿标准制定程序以及据此形成的平均价格表，使读者知晓图书馆现行赔偿标准的依据，能够较好地避免矛盾与冲突的发生，有利于构筑和谐的图书馆氛围。

三、复印服务中的版权问题及规避

"复印"通常指的是利用光敏特性将文件、图片等按照原样重印在纸上的行为。《著作权法》第十条第一款第（五）项规定："复制权，即以印刷、复印、拓印、录音、录像、翻录、翻拍等方式将作品制作一份或者多份的权利。"可见，复印属于复制的重要手段之一，而复制权是法律赋予版权所有人财产使用权中最基本的权能，其他人要行使作品的复制权必须获得版权人许可。但如果每位读者在复印版权作品时都必须一一取得版权人的许可，这不但不具有实际可操作性，而且不利于知识的传播。文献复制是当代图书馆为方便用户获取文献普遍开展的一种服务项目。虽然复制权有利于作品的传播利用，有利于保护著作权人的经济利益，但是，复制权的行使受到公共利益的限制，图书馆对文献的复制和对复制品的使用必须符合相关规则，否则就会造成侵权，给自己带来法律风险。在电子出版物迅速增长的同时，纸质文献的生产量并没有下降，仍呈上升趋势。这与复印技术的普及和应用有着很大的关系。随着静电复印机技术的发展，复印机进入了机关、单位，甚至家庭，而图书馆基本上都配置了复印机。在有些发达国家，由于复印的成本低于购买书籍的费用，大量的版权作品被个人、学校、图书馆复印使用，这对社会公众购买作品的习惯产生了巨大的影响。据统计，"由于静电复印技术的发展和人们求知欲望的增长，世界上每年影印复制的资料达2600亿页，即每分钟50万页；人口不到500万的芬兰，每年影印复制的资料达7亿4千万页。被复印的资料中，49%是有版权的作品"①。这对作者而言，意味着书籍出售数量的减少和著作权利益的减损。可见，复印技术的广泛应用，带来了侵犯作者复制权的巨大风险。作为公益性单位的图书馆，以促进知识的传播为己任，在为满足公众文化需求而提供的复印服务中同样存在版权风险。

（一）复印服务的作用

（1）提高文献使用率，满足用户对特定文献占有的需要。馆藏文献的品种、数量以及复本都是有限的，而用户的需求又具有多元性，有的只需要其中的几个数据、几段文字，如果图书馆仅仅依靠传统的借阅服务显然不能满足用户的需求。因此，文献的供需矛盾时常出现。复印技术的高效性、原样复制等特点极大地满足了用户的需求。例如，图书馆馆藏中的工具书往往又厚又重，由于其具有唯一性，通常只能阅览不能外借。而用户往往只需要一本书中的几页或几个知识点，这时用户就可以通过复印迅速获得自己所需的文献资料，既节省时间，又能够完整无误，供自己长期收藏和使用②。

（2）加快文献的传递速度，节省用户获取文献的时间和精力。无论是满足众多用户的批量复制需要，还是满足个别用户的特定需求，复印服务都会大大节省用户摘抄文献、积累资料的时间，提高文献传递交流的速度，方便用户的学习和研究。同时，又方便其他用户查阅利用，大大提高了文献资源的利用率。

---

① 沈仁干.试论电子出版与版权保护[J].中国电子出版,1996(1):15.

② 陈玲.简论打印复印技术在黄山学院图书馆的应用[J].科技情报开发与经济,2010(22):65-66,83.

（3）弥补馆藏文献的不足，为保存一些重要的文献提供有效途径。运用静电复印、缩微复制等手段，可以对难以得到的文献进行多次搜集积累，补充那些一次性采访遗漏的丛书、多卷书、期刊、珍本、绝版文献等，以便充实馆藏，补缺配漏；有些珍贵的文献（如有些价值较高的孤本图书、古籍等），提供给用户复制品，既可以方便用户，又避免了原件外借时圈画、污损、撕页所造成的损害，进而保护了珍贵文献的完整性。

（二）复印服务中的版权问题

图书馆复印服务中的版权问题主要表现为过量复印与整本复印等。第一，过量复印。过量复印行为体现为版权作品的多副本复印与版权作品复印的总量大两个方面，其明显侵犯了作者的著作权尤其是复制权。西方一些国家，如德国，通过向生产复印机设备的公司和销售商征收版权补偿金以弥补著作权人的损失，但复印行为在经济利益刺激下日益泛滥，版权补偿金仍使著作权人得不偿失。随着数码复印机的普及以及复印机价格的下降，图书馆配备了更多、更先进的复印机，复印服务成为一项常规的图书馆读者服务工作，对于图书馆来说，大批量、多副本的文献复印已是轻而易举的事情。但是图书馆应在相关法律的框架下提供复印服务。美国《版权法》、日本《著作权法》对于文献复印就有每份作品每人以取得一份复制品为限的明确规定。例如，美国《版权法》第一百零八条规定，图书馆可以应使用者要求复制一份图书馆收藏的版权作品或期刊中的不多于一篇的文章，或者是复制其他任何版权作品的一部分。日本《著作权法》第三十一条规定，应图书馆等的使用者的请求，为供其调查研究用，可提供已发表著作的部分复制品，并限于一人一份。我国没有明确规定图书馆文献复制的数量，《著作权法》第二十二条仅以"少量复制"的模糊表述一笔带过，因此，在图书馆服务实践中不可避免地存在文献作品过量复印的问题。第二，整本复印。随着复印技术的发展与复印机的普及，文献复印价格日趋降低，如今复印一本书的费用大约仅为原书价格的1/3。因此，一些图书馆为了追求经济利益，利用馆藏特色文献资源，开展对外的复印服务，包括提供整本复印，这种行为明显损害了著作权人的合法利益。第三，用于商业目的的复印。西方发达国家的《版权法》都规定了非营利性单位可以对所收藏的资料进行符合合理使用原则的复制。我国的《著作权法》和《著作权法实施条例》

也做了类似规定。在市场经济的影响下，我国有一些公益性的图书馆开展带有商业性质的信息服务，直接或间接为个人和企业提供营利性的复印服务。这些并非为教学和科研之目的的行为，超出了《著作权法》规定的合理使用范围，侵犯了著作权人的权利。还有一些图书馆利用馆藏稀缺文献资源，对有价值的文献资料提供外借服务，对于有复印需求的，只能在图书馆内部复印，且价格是市场同类价格的几倍。这些行为不仅严重违反了《著作权法》，侵犯了著作权人的著作权，损害了著作权人的经济利益，也损害了图书馆的社会形象。国外图书馆对于商业性的复制行为，一般是先与负责版权作品的著作权集体管理组织签订复制许可协议，然后开展复制活动，收取相应的复制费用，再向著作权集体管理组织缴纳规定的版权使用费①。

（三）图书馆应采取的具体措施

　　文献复制是当代图书馆为方便用户获取文献普遍开展的一种服务项目。虽然复制权有利于作品的传播利用，有利于保护著作权人的经济利益，但是，复制权的行使受到公共利益的限制，图书馆对文献的复制和对复制品的使用必须符合相关规则，否则就会造成侵权，给自己带来法律风险。图书馆复制仍属权利保护期内的智力成果的行为，主要包括两个方面：一是为本馆需要，二是为读者提供复印服务。首先，为本馆的需要而进行复制。根据《著作权法》第二十二条第一款第（八）项规定②，图书馆合理复制文献限制于两个法定条件：复制目的为陈列或者保存版本的需要，复制对象只能针对本馆收藏的作品。对复制目的进行限制是国际著作权立法的惯例。如美国1976年《版权法》规定，图书馆基于保存及安全的需要可以对文献进行复制。英国1989年实施的《版权、设计及专利方案》规定，图书馆可以为补充和替换永久馆藏，或者替换其他图书馆遗失、毁坏和破损之永久馆藏而复制馆藏作品。而限定复制对象也是大多数国家的做法。许多国家规定，在法定目的下，图书馆既可以复制本馆馆藏作品，也可以复制其他图书馆的馆藏作品。然而，在实践中，有的图书馆工作人员因本馆收藏缺损而随意复制他馆馆藏作品，或者复制本馆馆藏作品用于

---

①叶秀明,傅文奇.图书馆复印服务中的版权问题[J].图书馆建设,2008(11):25-28.

②《著作权法》第二十二条第一款第(八)项规定:"图书馆、档案馆、博物馆、美术馆等为陈列或者保存版本的需要,复制本馆收藏的作品。"

借阅、出租，甚至出售，这便是侵权行为。其次，可以为读者提供复印服务。根据《著作权法》第二十二条第一款第（六）项规定①，图书馆为读者复制作品必须满足两个法定条件：为学校课堂教学或者科学研究，复制数量是少量。目前，有的图书馆为读者提供静电复印、缩微复制等业务时，由于工作人员法律意识尤其是知识产权保护意识淡薄，对读者的复印目的、数量及用途通常没有审查和限制，这就侵犯了著作权人所拥有的复制专有权。这些做法违背了我国的《著作权法》。

为了尊重著作权人的合法权益，我们可以参照国外图书馆界处理复制中有关著作权问题的某些成熟做法。如美国《版权法》第一百零八条规定，无论是为了馆藏的复制，还是为了个人使用的复制，一次只能复制一份，同一篇文章或者作品的再次复制，必须是单独的和不相关的。不论是一份的复制还是多份的复制，图书馆不得从事有系统的复制服务。尽管图书馆不能对读者复制的主观目的完全加以控制，但是对读者复制的数量还是能够把握与控制的。我国《著作权法》并没有明确"少量"的标准，但从一般意义上理解，读者复印一本书里的某些部分或一本期刊里的某篇文章，就属少量，反之，基于某种利益考虑允许读者复印整本书或整本期刊，就非少量。无论是我国《著作权法》第二十二条，还是《信息网络传播权保护条例》第七条都没有规定图书馆复制文献的法定份数，但并非图书馆可以对文献进行"无限量"的复制。图书馆应该善意行使合理复制的权利，复制的数量以"够用"为前提②。另外，关于复制收益，各国版权法都规定，图书馆不能从合理复制文献中取得经济收益。对此，美国《版权法》第一百零八条规定，图书馆复制文献必须没有直接或间接的商业目的。在澳大利亚《版权法》中，享有豁免权的图书馆范围同样受到限定，营利性的图书馆利用图书馆文献资源牟取经济利益不能成为著作权例外的行使主体。我国《著作权法》第二十二条规定，合理使用"不得侵犯著作权人依照本法享有的其他权利"。"其他权利"就包括"不得有经济收益"。《信息网络传播权保护条例》第七条则明确规定，图书馆不能从复制文献中获得直接或间接的经济利益。"经济利益"可以理解为涉及资金和物质两个方面，至于什

---

①《著作权法》第二十二条第一款第（六）项规定："为学校课堂教学或者科学研究，翻译或者少量复制已经发表的作品，供教学或者科研人员使用，但不得出版发行。"

②夏雁.我国图书馆合理复制文献的著作权规则[J].图书馆学刊,2009(9):7-8,22.

么是"直接经济利益",什么是"间接经济利益",《信息网络传播权保护条例》第七条没有明确回答。一般认为,"收入"不高于复制文献的"成本"就是没有经济收益。比如,按照1992年欧盟颁布的《出租权指令》(EC92/100)的规定,如果图书馆向用户提供服务时收取的费用不超过其管理的成本,那么就不具有营利性。图书馆应该为复印服务制定一系列规范严谨的程序,包括读者提出复印所需资料的书面申请,申请表中包含是否符合《版权法》合理使用要求。图书馆相关部门的工作人员对申请表进行审核,在申请内容未侵犯版权的情况下满足读者的复印需求,同时保留申请表,以备日后出现版权纠纷时为图书馆免责提供抗辩理由。西方国家图书馆对读者的复印要求都有严格的审核程序。比如,大英图书馆在原文传递服务中就规定,必须签署版权合理使用声明才能为其他图书馆复印和提供副本,而且版权合理使用声明也必须由最终用户亲自签署(盖印章、打印或由代理人签署的签名皆不可以),并由申请复印的图书馆保管。当前,图书馆文献复制服务中牵涉的版权问题,是一个严肃的法律问题,应该引起大家的重视,而且在工作实践中,要严格遵守法律的有关规定,以避免引起不必要的法律纠纷[①]。

另外,为了适应新的环境,进行服务创新,自2013年上海交通大学图书馆、上海公共图书馆率先开展3D打印服务以来,北京大学图书馆、复旦大学图书馆、华东理工大学图书馆等越来越多的高校图书馆相继开展了3D打印服务,这对促进图书馆事业的发展,构建"大众创业、万众创新"的创新型社会都具有积极意义。然而,其中的版权问题则是图书馆开展3D打印服务遇到的最棘手的法律问题。例如,复制权是图书馆3D打印服务涉及最多的权利类型,传统《著作权法》上的复制是对作品"原封不动地再现",而图书馆通过3D打印服务将美术作品以及产品设计图与工程设计图等图形作品打印为实物,实现了"从平面到立体"的异形复制[②],但是传统《著作权法》却将产品设计图、工程设计图的异形复制排除在复制权之外,因此明确这类图形作品的法律属性就显得非常重要。另外,图书馆3D打印服务合理使用受到法理限制,用户不仅可以在图书馆使用3D打印服务,而且随着网络技术的发展和打印耗材成本的降低,用户通过网络在家里就能够接受图书馆的培训与指导,并利用图书馆

① 鲁黎明.图书馆服务理论与实践[M].北京:北京图书馆出版社,2005:206-208.

② 秦珂.基于3D打印服务的图书馆版权保护问题初探[J].图书馆,2016(10):46-49.

数据库中的3D数字模型打印实物，3D打印服务将从图书馆延伸到家庭。如果这种行为不加以控制，那么"家庭"就有可能成为一座座"微制造车间"，打印出的实物就会成为市场流通产品的替代品，使得无形权利延伸至"有形财产"，突破了《著作权法》中"合理使用"的别界，对著作权人的经济利益产生很大影响。"合理使用"被称为《版权法》的"斯芬克斯之谜"，如何保障图书馆3D打印服务的正常开展，需要版权制度积极回应，并进行相应的制度构建，主要包括：拓宽"复制"的内涵，使适用于艺术作品、产品设计图、工程设计图的"异形复制"受到复制权的规范；借鉴和吸取有益经验，确立符合我国国情的"合理使用"的判定标准。例如，在著作权扩张的背景下，2014年英国修订后的《版权、设计及专利方案》扩大了个人复制以及个人学习例外的规定，赋予图书馆享有数据挖掘的合理使用权，并且这种权利具有对抗权利人利用合同约定限制图书馆权利的强行法属性。可见，通过完善立法为我国图书馆服务技术化创造有利的版权法律环境是解决图书馆3D打印服务著作权问题的根本途径。这种立法以利益平衡为原则，在私人利益与公共利益之间寻求一种新的平衡，正如吴汉东教授所言："知识产权的法律之光，当为保护私人知识财产的智慧之光，更是维护社会知识进步的理性之光。"[①]唯有如此，3D打印技术在未来才会更好地服务于我们的生活。

---

① 吴汉东.知识产权的制度风险与法律控制[J].法学研究,2012(4):73.

第四章　网络环境下高校图书馆信息服务
法律问题研究

一、高校图书馆数字网络信息服务中的隐私权保护问题

随着社会的发展和进步，个人隐私日益受到人们的重视。而网络环境给个人信息获取提供便捷的同时，也加大了个人隐私泄露的风险。读者是图书馆的服务对象，在图书馆服务过程中必然涉及读者的个人隐私，如读者借阅信息、科技查新信息、参考咨询信息、定题服务信息等。近年来一些图书馆故意或因过失侵害读者隐私权的现象偶有发生，例如，2016年，某图书馆的两名员工因偷偷拷贝大量读者个人信息（约200万条）准备出售，涉嫌非法获取公民个人信息罪受审并当庭认罪①。这种行为不仅会给自身招致法律风险，还会影响图书馆和读者之间的和谐关系。因此，如何有效保护读者隐私权成为当前图书馆服务过程中一个重要而突出的问题。

（一）隐私权的内涵与性质

1.隐私权的内涵

隐私一词来自英文"privacy"，是指公民个人生活中不愿为他人公开或知悉的秘密，内容主要包括个人私生活、肖像、通讯、财产状况等。隐私权的概念是由美国学者沃伦和布兰戴斯在其1890年发表的论文《隐私权》中首次提

---

① 姚利军.大数据时代图书馆读者隐私保护的重要性[J].艺术科技,2018(7):72-73.

出的，他们将隐私权界定为"让我独处的一种权利，让我独善其身的一种权利，不受别人打扰的一种权利"①。对于隐私权的定义我国学界众说纷纭，尽管如此，隐私权的特征却可以归纳为以下四点：其一，隐私权的主体只能是自然人。隐私权是基于人的精神活动而产生的、与人的精神利益密切相关的一种人格权，所以，法人不成为享有隐私权的主体。其二，隐私权客体涉及的范围包括个人信息、个人生活和个人领域。其中，个人信息指个人不愿对外公开的资料、数据、情报等，是以抽象的、无形的形式表现于外界的隐私；个人生活以特定个人为活动的主体，如朋友往来、夫妻生活等，是具体的、有形的隐私；个人领域是指个人的隐秘范围，如身体的隐蔽部位、日记内容、通信秘密等。其三，隐私权的权能不仅是一种消极的、防御性的权利，还是一种能动的、支配性的权利。其四，隐私权的保护受公共利益的限制，即必须符合法律、政策及公序良俗。因此，读者的隐私权可界定为读者在图书馆活动过程中其个人隐私具有不受侵犯的权利，包括读者个人信息保密权、个人活动自由权及个人隐私使用权。

2.隐私权性质的界定

对于隐私权性质的界定，还存在其究竟是一般人格权还是具体人格权的争议。在德国，隐私权属于一般人格权的范畴。早在1957年，德国联邦法院在著名的"读者来信"案中认为，自主决定权应为一般人格权的重要组成部分。从德国隐私权发展的进程看，其具有如下两个方面的特征：一方面，对隐私予以尊重是一般人格权的结果和具体化；另一方面，在具体内容上，持续强调信息自决权在隐私权保护中的重要性。而我国对隐私权如何界定，是否借鉴德国的模式将隐私权纳入一般人格权范畴，目前尚存争议。笔者认为，隐私权属于具体人格权，理由如下：第一，一般人格权是一种抽象意义的人身权，具有内涵上的不确定性和外延上的广泛性，正如德国法学家拉伦茨所说："人格权是一种受尊重权，也就是说，承认并且不侵害人所固有的尊严、人的身体和精神、人的存在和应然的存在。"②因此，一般人格权往往体现为一种价值理念，需要借助法官的价值判断予以具体化。而隐私通常具有自身特定的含义，较之一般人格利益更为具体、明确。若将

① 周武华.当代图书馆信息服务中的隐私权及其保护[J].图书馆建设,2007(4):44.

② 张雪梅,张艳芳,张阳.图书馆读者隐私权的侵权表现与法律保护[J].情报科学,2012(6):841.

其纳入一般人格权中，反而使其权利界限模糊，不利于对其进行全面保护。第二，一般人格权承担着"兜底"的任务，若将隐私权归入一般人格权范畴，则会让"隐私"概念承担人格利益的"兜底"功能，不仅会造成隐私权体系的混乱，还会损害隐私权救济的确定性及可预期性。例如，图书馆将读者所还图书错误归入同姓同名读者借阅记录之下，因该图书为孤本且年代久远，又是超期归还，图书馆按规定要求读者给予赔偿，致使其遭受精神痛苦。此种情形虽然使读者人格尊严受损，但并不涉及个人隐私，应由一般人格权而非隐私权予以保护。第三，我国早在1986年的《民法通则》中就规定了诸如姓名权、肖像权、荣誉权等各种具体人格权，但是随着经济与社会的发展，立法者逐渐意识到《民法通则》规定的各种具体人格权已不周全，有必要从立法上对社会呼声日益高涨的隐私保护予以回应。例如，2009年颁布的《中华人民共和国侵权责任法》（后文简称《侵权责任法》）的第二条规定就将隐私权与其他人格权相并列，从而将其纳入具体人格权的范畴给予保护[①]。可见，隐私权从其产生之初就是作为具体人格权而存在的。

（二）数字网络信息服务涉及隐私权的路径

网络技术、信息技术的快速发展使得图书馆的读者服务工作实现了质的飞跃，读者足不出户"一键点击"就可以对图书馆的文献信息资源一览无余，图书馆也可以通过网络平台了解读者的需求，并提供针对性、个性化服务。但是任何事物都具有两面性，计算机技术、网络技术在给图书馆服务带来便捷的同时，也给读者个人隐私安全带来巨大威胁。为了更贴心、更有效地向读者推送其需求的文献信息资源，图书馆需要取得读者的个人资料以便识别、确定其个人身份，读者的这些个人资料可能会涉及其隐私权问题。例如，图书借阅证办理中必然涉及读者姓名、性别、院系专业、学号、照片、年龄等个人信息，系统将这些个人信息生成读者档案，存入读者信息数据库。之后，系统自动对读者信息数据库进行数据处理，分析、跟踪读者的信息使用情况。从法律意义上看，这些内容都是个人隐私的重要组成部分。另外，计算机技术、网络通信技术扩大了数据的传播范围，加快了数据的传播速度，也使数据更容易被复制，个人隐私也就更容易被非法获取和扩散。因此，图书馆在信息服务过程中处理不当或者稍有不慎，就可能招致泄露读者个人信息的法律风险。尤其是图书馆

① 王利明.隐私权概念的再界定[J].法学,2012(1):108-120.

组织专门的工作人员分析读者的使用记录、专业、习惯、兴趣、爱好等个性特征，为读者动态推送有用信息的时候，读者隐私便在有关工作人员面前暴露无遗。图书馆的信息服务依托于互联网开展，图书馆的服务系统也成为整个互联网的组成部分，从用户在系统注册的时候开始，其隐私便处在泄露于网络的危险中，这就使得用户隐私权受到侵害的风险大大增加。可见，在网络环境下图书馆的信息服务，无论是内部服务的数字化管理，还是外部服务的网络信息互动，都不可避免地会涉及用户隐私权保护问题[①]。

（三）图书馆侵害读者隐私权的法律救济

读者的隐私权是一种绝对性、排他性的权利，任何人都有尊重他人隐私的义务。图书馆馆员可能因过失（如管理不当造成读者信息的泄露）或故意（如将读者信息出售以获取利益），侵犯了读者的隐私权益，对此应当如何救济，当前无论是立法规定还是司法实践都存在着许多争议，需要进一步深入探讨。

1.违约责任与侵权责任的竞合

法律责任的竞合，是指由于某种法律事实的出现，导致两种或两种以上相互冲突的法律责任产生。在美国，隐私权最初就是通过侵权法予以保护的，由于两者关系密切，曾形成所谓"侵权法上的隐私权"概念。我国《侵权责任法》第二条中明确列举了隐私权，从而将隐私权纳入侵权法的保护范围。但是，隐私权不仅涉及侵权责任领域，还受《合同法》规制，因为图书馆与读者之间的服务关系本质上是合同关系。图书馆规章是要约，读者自办理图书借阅证的那一刻起，便以实际行动表达了接受图书馆规章约束的承诺，从而与图书馆建立了图书借阅合同关系。我国《合同法》第六十条第二款规定："当事人应当遵循诚实信用原则，按照合同的性质、目的和交易习惯履行通知、协助、保密等义务。"可见，图书馆在图书借阅合同关系中对读者的隐私负有保密义务。因此，图书馆侵害读者的隐私权，既违反了合同履行中附随义务的约定义务，也违反了不得侵犯他人人身权益的法定义务，因而同时构成侵权行为和违约行为，侵权责任和违约责任的竞合成立。

---

① 周武华.当代图书馆信息服务中的隐私权及其保护[J].图书馆建设,2007(4):43-46.

2.违约责任与侵权责任竞合问题的解决

如何解决违约责任与侵权责任产生的竞合，目前，从世界各国的立法和判例来看，主要有以下三种处理模式：一是以法国为代表的禁止竞合模式，即合同当事人不得将对方的违约行为视为侵权行为，只有在没有合同关系存在时才产生侵权责任，因此不存在竞合问题。二是以德国为代表的允许竞合模式，即权利人既可以提起合同之诉，也可以提起侵权之诉。如果一项请求权因时效届满而被驳回还可以行使另一项请求权。三是以英国为代表的有限制的竞合模式，即权利人可以选择提出一个请求，若败诉则不得以另一个请求再诉[1]。我国学者看法不一，但以主张限制竞合的占主流。我国《合同法》第一百二十二条规定："因当事人一方的违约行为，侵害对方人身、财产权益的，受损害方有权依照本法要求其承担违约责任或者依照其他法律要求其承担侵权责任。"可见，我国《合同法》也是主张采取限制竞合模式。但在实际运作过程中，对于诸如交通事故、医疗事故以及产品责任等一些涉及违约责任和侵权责任竞合的案件都按侵权责任处理，这显然不符合利益衡量的要求。笔者认为，图书馆侵害读者隐私权采取限制竞合模式予以救济较为妥当，这比单纯将其界定为违约责任或侵权责任更加有利于保护读者的利益。更何况，读者较之图书馆处于弱势地位，为了实现实质上的公平，当图书馆与读者发生利益冲突需要解决时，应对读者这个特殊群体的利益给予一定倾向性的保护。因此，如果读者对于图书馆没有履行合同的保密义务具有过错举证不能，或者基于时效利益考虑时，可以主张图书馆承担违约责任。如果读者能证明图书馆侵害其隐私权具有过错，并且能够请求较高的赔偿数额，或者能够获得精神损害赔偿时，可以向图书馆主张侵权责任。但是，对于读者享有双重请求权应当予以限制，否则，这不仅会加重图书馆的责任和负担，使其陷入无休止的赔偿纠纷之中，也不利于图书馆服务工作的正常开展。

（四）读者隐私权保护的防范措施

1.健全隐私权保护的法律制度

法律是保护读者隐私权最有力、最根本的手段。自20世纪70年代起，西

---

[1] 嵇景岩.论违约责任和侵权责任的竞合处理[J].东北农业大学学报(社会科学版),2006(1):106-107.

方发达国家纷纷通过立法加大对个人信息及隐私的保护力度，例如美国的《隐私权法》、英国的《数据保护法》、德国的《联邦数据保护法》。据统计，世界上超过50个国家或地区制定了专门的个人信息保护法[①]。隐私权保护法律制度随着信息时代的发展日趋完善，为有效保护个人隐私提供了强有力的保障。虽然我国《侵权责任法》承认了隐私权的概念，但是隐私权的内容和范围仍然不够清晰，这不利于实现对读者隐私权的保护。因此，我国应加快《个人信息保护法》的立法进程，明确规定个人信息收集、处理、利用的条件和程序，以及个人信息遭受侵犯时的法律救济等内容，届时读者的个人信息及隐私权保护将会有法可依、有章可循。图书馆也应该以《个人信息保护法》为中心，结合自身情况制定符合保护读者隐私权实际需要的图书馆馆员行为规范，明确规定图书馆馆员在保护读者隐私权方面的义务和责任，从而将读者隐私权保护真正落在实处。

2.加强隐私权保护的技术支持

完善的技术支持体系是图书馆读者隐私权保护的重要保障。图书馆应当提升自身软硬件设施水平，提高相关数据库安全等级，确保读者信息不被删改、窃取和泄露。例如，可以采用网络防火墙、身份识别与认证、数字水印及个人隐私偏好平台等技术保证读者信息在存储、传送、调取过程中的完整性和安全性。在系统参数设置上应根据工作需要对读者信息进行分类、分等级，不同岗位的馆员应授予不同的读者事务管理权限，如果馆员的工作岗位发生变动或工作任务结束，则相应的权限终止。当需要分析读者隐私偏好以便更好地提供个性化服务时，图书馆应当给予读者拒绝接受服务以及自主选择清除"Cookies"的权利；当读者的个人信息不再被需要时（如学生毕业离校、中途退学等原因），应及时屏蔽、删除相关信息，确保读者隐私安全[②]。图书馆还可以赋予读者适当的隐私保护软件设置权、监控权，为读者提供介入管理隐私的机会，以此减少人为泄露个人隐私信息的风险。

3.提高图书馆馆员和读者隐私权保护意识

无论是对图书馆馆员还是对读者自己来说，都应当绷紧隐私权保护这根

---

① 韦楠华,吴高.数字图书馆用户隐私侵权风险及对策研究[J].图书馆界,2012(2):12-16.

② 刘金玲,彭颖,宋洵.现代图书馆用户隐私权保护问题与对策研究[J].现代情报,2007(10):160-162.

弦。保护读者的隐私不仅仅是图书馆馆员的重要职责，更是图书馆馆员的基本职业道德要求。2002年，中国图书馆学会六届四次理事会审议通过的《中国图书馆员职业道德准则（试行）》就明确要求图书馆馆员必须"维护读者权益，保守读者秘密"。因此，图书馆应通过多种形式加强馆员的法律意识和职业道德教育，帮助他们熟悉相关法律法规，树立隐私权保护意识，提升隐私权保护技能，将保护读者隐私变成图书馆服务工作的基本道德修养来倡导，减少和避免因人为因素导致的读者隐私权受损。保护隐私权最直接、最有效的办法就是提高读者自身的隐私权保护意识和隐私权保护技能，因为读者是其隐私权受到侵害后最直接的利益受损者，保护自身利益也是强化隐私权保护的内在动力。读者具备个人隐私初始掌控权，唯有提升读者隐私权保护意识才能从源头上预防其隐私权屡受侵犯。因此，高校图书馆可通过新生入馆培训、专题讲座、实例讲解、网站宣传等形式来提高读者隐私权保护意识和隐私权保护技能。积极培育读者隐私权保护意识不仅仅是防范他人不正当或非法获取读者的隐私信息，更重要的是通过强化读者本人控制信息的使用和流向这一理念来增强读者的安全意识和法制观念，提高防范能力[1]。图书馆馆员悉心保护和读者自我防护有机结合，可为读者隐私权保护提供一道厚重、坚实的"防火墙"[2]。

4.建立严格的责任追究机制

"如果约束机制不能提供一种良性压力，以确保任何人处于某一特权地位时无法过多地牟取私利，那么再高尚的执政官也不能保证公共利益不被他或他的后继者有意或无意地损害。"[3]约束机制的中心就是责任追究机制，只有严格追究责任，才能增强责任主体的压力感和责任感。因此，图书馆要厘清内部各主体之间的责任关系，划定各自的责任范围，层层建立责任制，把安全管理工作落实到部门（科室）、落实到个人。此外，要对可能出现的被追责行为，设定明确而详细的判断标准，以及既严谨又易于操作的追责程序。当读者隐私权侵害事故发生后，图书馆应当及时采取补救措施，尽力把侵害造成的后果降到最低程度，减少事故对图书馆声誉的负面影响。如果馆员在工作期间实施侵

---

① 颉艳萍.个性化服务下的读者隐私权保护[J].晋图学刊,2015(1):34-37.

② 徐梅.图书馆读者隐私保护探究[J].图书馆研究,2014(4):119-121.

③ 丁煌.公共选择理论的政策失败论及其对我国政府管理的启示[J].南京社会科学,2000(3):45.

害行为，图书馆应承担相应的侵权责任。但馆员非因职务行为故意或过失侵害读者隐私权的，应由馆员个人承担责任，或者图书馆承担责任后向过错致害的具体责任人追偿。

图书馆在服务过程中正确处理和有效保护读者隐私权益，既是对读者具体人格权的尊重，又是图书馆"以人为本"服务理念的体现。这有利于读者和图书馆之间建立互信关系，促进图书馆和谐、健康发展。

二、高校图书馆网上预约借书的法律问题研究

随着图书馆网络和自动化水平的快速提高，网上预约服务以其简单、方便的特点越来越受读者青睐。以汇文图书管理系统为例，预约借书的用户，可以通过图书馆提供的OPAC检索机检索查找图书，也可利用校园网内的任何终端简便快捷地进入ILAS（图书馆自动化集成系统）"我的图书馆"以了解图书借阅状态详情，然后点击"预约借书"对话框，并输入自己的借阅证号，即可完成预约。

（一）高校图书馆开展预约借书服务的必要性

1.有利于提高馆藏资源的利用效率

在图书价格不断上涨而图书采购经费持续紧张的情况下，图书馆不可能对每种图书都大量购置。高校图书馆馆藏图书的复本量一般在5～10册，当开设一门新的专业课、学生备考研究生或者职业培训需要时，将会出现复本数量不能满足需求的情况，造成"借书难、书难借"的状况。因此，有的读者就通过续借、归还再借出的方式将自己需要的图书"占为己有"，致使其他读者对于某类图书的需求总是得不到满足，大大降低了图书的使用效率。基于此，图书馆预约借书服务应运而生。因为一旦某本图书被读者预约了，根据系统的提示，图书馆工作人员将会"扣下"该书，放入预约书架，该书原来的读者将其还回后就不能再借出，这样就可以有效地改变少数读者长期占用某些受欢迎图书的现象，从而提高了图书的利用率。调查表明，70%以上的"985"高校图

书馆都明确规定对于预约的图书不能续借，虽然这项规定带有强制性，但可以防止作为当前图书实际控制人的借书者长期占据紧俏图书资源，保证预约者的优先借阅权，有助于让更多的读者共同享受紧俏资源，既公平合理，又充分发挥了图书的价值。对于图书馆预约借书服务，读者可以通过校园网内的任何网络终端进入图书馆公共检索系统，查找自己所需要的图书的出借状态。如果该图书处于借出状态，读者就可以进入图书预约系统进行预约，然后等待图书到馆后前来办理借阅手续。图书馆也可以利用网上预约系统及时了解读者的借阅需求，从而在预约图书到馆后尽快满足读者的需求，更加高效地为读者提供借阅服务，也大大节约了读者到图书馆查找所需文献资源的时间。

2.有利于馆藏资源的优化

预约借书不仅可以节省读者宝贵的时间，减少读者拒接率，满足读者急需，还可以让图书馆有限的经费花在刀刃上，节约购书经费，实现图书资源的优化配置，满足读者的多元化借阅需求。例如，馆藏图书复本量可以解决读者满足度的问题。馆藏图书复本量究竟定多少，一直是值得研究的问题。馆藏图书复本量的确定虽然需要对多种影响因素加以分析，但主要涉及图书的读者人数、续借该书的概率、馆藏类似图书品种、借阅期限、限借册数等因素。因此，图书馆馆员可以定期统计被预约次数较多和借阅量大的图书，并定期把数据反馈给采购人员，为采编部购书提供参考。采购人员可以根据这些信息有的放矢地购买图书，在不影响馆藏结构的情况下可以适量加大这些图书的订购量，尤其是流通率高的名著或时效性较强的等级考试图书的副本，或者增大这些图书数字化资源的投入。这样做不仅可以降低采购成本，节约经费，还可以避免因过量采购而降低该类图书的利用率。

3.有利于图书馆服务模式的创新

当前图书馆"读者至上""以人为本"服务理念的最好践行就是服务模式的转变，由消极服务向积极服务转变，由传统被动的柜台式服务向主动推送的个性化服务模式过渡。传统的图书借阅服务大都是为读者办理借还手续，检索、查找图书的任务基本上由读者自己完成，而开展预约借书服务以后，读者在利用图书馆文献资源时在时空上更加自由，能充分感受到图书馆便捷的个性化服务。图书馆根据读者需求收集预约信息，及时掌握预约图书归还情况，向预约的读者发布取书通知。这种服务方式的创新不仅拓宽了图书馆的服务空间和服务范围，深化了图书馆服务内涵，也有效缓解了图书馆资源供需矛盾，提升了图书馆的服务质量和用户满意度，从而有利于图书馆和谐借阅关系的构建①。

（二）读者预约借书申请的法律性质

网上预约借书申请从合同法角度讲是属于要约，还是要约邀请呢？要约，通常认为是以订立合同为目的的意思表示。要约邀请，又称引诱要约，是指一方邀请对方向自己发出要约。要约和要约邀请都包含当事人订立合同的愿望，但两者又有很大区别。其一，效力不同。要约对要约人具有约束力，即要约送达，要约人就不得撤回，如果当事人想要撤销要约，就必须符合法定的条件。要约邀请没有撤回上的限制，当事人可以任意撤回，要约邀请不存在撤销的问题。发出邀请后，要约邀请人又撤回邀请，只要未给善意相对人②造成信赖利益的损失，邀请人并不承担法律责任，这是要约与要约邀请最根本的区别。其二，要约以订立合同为直接目的，受要约人承诺送达，合同即告成立。要约邀请则不是以订立合同为直接目的，它只是唤起别人向自己做出要约表示。其三，要约必须包含能使合同得以成立的必要条款，或者说，要约必须能够决定合同的内容，如对一个买卖合同要约来说，通常需要标的、数量、价金三个条款，而要约邀请不要求包含使合同得以成立的必要条款。要约邀请一般只是笼统地宣传自己的业务能力、产品质量、服务态度等，例如，寄送的价目表、拍卖公告、招股说明书。笔者认为，网上预约借书申请属于要约，而非要约邀请。原因有以下三点：其一，它是以订立借阅合同为目的，希望图书馆予以接受的意思表示。其二，这一要约是向图书馆发出的，对象是特定的，只有得到图书馆的承诺，即图书馆同意将读者所申请借阅的图书借给读者，借阅合同才可能成立。一旦得到图书馆的承诺，双方意思表示一致，申请人要受自己所发

---

① 符瑞锐，林岚.海南省高校图书馆预约借书服务的研究[J].情报探索,2011(7):114-116.

② 善意相对人，即善意第三人。此处的"善意"是民法上的概念，有民法上的特殊意义，不能用口语中所谓的善意去解释。善意相对人主要指的是合同的相对人或其他民事法律关系中的第三人，因自身没有过错也不可归责于己的行为，取得一定的财产或利益。法律保护善意第三人的合法利益,法律关系中的其他人的权利,不得对抗善意第三人。

出的申请的约束去借阅某图书，所以，一般提出预约借书申请后申请人不得随意撤销。其三，这种申请内容十分明确、具体，读者向图书馆提出具体借阅要求，通过对图书管理系统的查询，能准确定位自己所需图书，即对图书的指向是十分明确的。实践中，也有读者无法具体确定图书的题名、著者等信息，只是向图书馆提出需要借阅某类图书。这种情形是读者希望图书馆为其查找合适的图书供其选择，因而读者的这种意见表达是希望图书馆向自己发出要约，应当视为要约邀请。

（三）预约借书合同成立的判断标准

如上文所说，读者网上预约借书申请属于要约，图书馆针对读者提出的预约借书申请，在预约图书返还时，会将预借图书已返还到图书馆的信息在图书馆查询借阅系统上发布（笔者所在图书馆使用的是汇文图书管理系统），告知读者图书已返还可以借阅，图书馆的这种回应属于承诺。所谓承诺，是指受要约人向要约人做出同意接受要约内容以缔结合同的意思表示。图书馆的回应是对读者网上预约申请借书的同意，目的是为了与预约读者达成图书借阅合同，因而该回应构成承诺。承诺生效以到达主义为原则[1]。实践中，除了在图书馆管理系统或图书馆网页上发布预借图书到馆信息外（此种方式因为读者得知信息的不确定性一般不能认定承诺生效），很多图书馆已开始将预借图书到馆的信息以短信、邮件、电话等形式将图书到馆信息传达给预约读者，此时只要图书馆的通知到达预约读者处就视为承诺生效。

根据传统民法理论，要约承诺达成一致，合同成立。那么，此时能否认定图书借阅合同也已经成立了呢？对于预约合同的效力，当前无论是学界还是实务界都没有达成一致意见，主要有以下几种代表理论：第一，"视为本约说"。该学说认为预约合同已经具备了本约的所有要件，包括但不限于时间、地点、履行方式等。因此，可以将预约合同直接视为本约，无须再缔结本约了。此学说虽然有利于降低因为预约合同效力判定而带来的司法资源耗费，但混淆了预约与本约之间性质上的区别，间接否定了预约合同所具有的实践价值，也有违《合同法》上的意思自治原则。当然，如果合同的一方或双方当事人已经按照预约合同（此合同具有完备的条款）的主要内容实际履行，即使当事人后来没

① 孙强.网上预约借书法律问题研究[J].图书情报工作,2014(2):66-70.

有根据预约合同来签订本约，此时也应视为当事人以实际履行行为改变了预约的性质，使预约合同转化成本约合同，类似于"合同瑕疵治愈"中的"履行治愈"。可见，"视为本约说"欠缺适用当然性，日益被学界否定与抛弃。第二，"必须磋商说"。该学说认为当事人缔结预约的效力即仅须承担按照预约约定的时间、地点、条件进行诚信磋商的义务，即使最终未成功缔结本约也无须承担法律责任。"必须磋商说"虽然有利于减少订立本约合同的成本，因为当事人各方于预约合同订立时已经有了确定的意向，对于后续签订本约的事宜也有了明确的打算，但是这种磋商义务仅限于"磋商"阶段，即只要双方当事人为缔结本约尽力磋商就视为已经履行了预约义务，至于最终是否订立本约在所不问。因此，该学说的存在价值就大打折扣，也不利于对诚信原则的坚守，容易诱发恶意磋商带来的道德风险。第三，"应当缔约说"。该学说认为预约不仅具有谈判磋商的效力，还具有最终缔结本约的效力，即完成预约合同签订的双方当事人必须在将来某一时点或待条件成立时签订本约合同，否则就需要承担预约的违约责任。笔者认为，"应当缔约说"更具有正当性与合理性，这是由预约合同的性质决定的。正如王泽鉴先生所言："预约，乃约定将来订立一定契约的契约，本约则为履行该预约而订立的契约。预约亦系一种契约（债权契约），而以订立本约为其债务的内容。"[1]预约合同是以诚实信用原则为理论基础的，而签订预约合同的最终目的是达成本约合同，否则预约合同的签订仍然容易诱发违反先合同义务、恶意缔约的道德风险，这不利于固定交易机会、鼓励合同交易以及保护合同相对方的合理信赖与期待。鉴于此，对于预约借书合同的成立条件，除双方意思表示达成一致外，还必须实际交付所借阅图书，即只有预约读者实际到图书馆办理借阅手续并接受图书时图书借阅合同才能够生效，读者才开始受到图书馆借阅制度的约束。所以在将图书交付借阅人之前，尽管被预约图书已经到馆，图书馆向预约读者做出可以借阅图书的意思表示，此时借阅人仍然可以解除预约，但须及时向图书馆做出明确的意思表示（如在网上取消预约或者告知图书馆）[2]。

---

① 王泽鉴.民法概要[M].北京:中国政法大学出版社,2003:318.

② 孙强.借书违约法律问题研究[J].图书馆,2014(3):108-110.

（四）滥用预约借书权的法律规制

赋予读者预约借书权原本是为了方便读者，但如果读者滥用此权利，将会影响图书馆正常的借阅秩序和其他读者对图书的利用权。

1.滥用预约借书权行为的表现形式

滥用预约借书权的行为主要表现为以下几种情形：其一，随意预约图书。即读者做了预约借书申请，但并不真正需要，因而事后忘记曾预约之事。其二，不及时办理借阅手续。即读者虽然已经预约，但因不了解预约图书保留有时间限制而没有及时办理借阅手续，时间一长必然会影响其他读者借阅。其三，不再需要所预约图书。即读者提出预约借书申请之后又从其他途径找到适合自己需要的图书或因情势变化不再需要所预约图书，但往往因为疏忽没有及时取消预约[①]。这些行为的存在都严重影响图书预约的正常秩序。

2.滥用预约借书权的具体规范措施

第一，要加强预约借书服务的宣传。要明确读者在预约服务中的权利与义务，如预约图书的册数、预约的有效期、预约后及时办理借阅手续、预约图书到期后及时归还等，既要保证持有图书读者的权利，也要兼顾其他读者公平利用图书的权利。要加强对图书预约的宣传教育，这是保证预约借书服务工作顺利进行的一个环节。可以通过橱窗宣传、网上宣传、电子屏幕滚动宣传、讲座等形式让更多读者了解预约借书服务的操作流程、特点和作用，使读者明白预约借书服务是为自己和他人提供借阅便利，不可随意预约图书。

第二，要求读者承担缔约过失责任。目前学界关于违反预约借书合同所应承担的责任性质究竟是违约责任还是缔约过失责任存在争议。违约责任是指当事人在合同成立后与合同失效前的时间段中违反合同义务而应当承担的法律责任。缔约过失责任是指在合同订立过程中，因一方故意或过失违反先合同义务而给对方造成信赖利益的损失时依法应承担的民事责任。这两种责任是发生在合同订立的不同时间段的，其性质也具有明显的区别。由于图书借阅合同并未成立，故无法追究读者的违约责任，而应追究其缔约过失责任。另外，这里所说的信赖利益是指基于对方合理的信赖而履行合同所付出的必要的金钱成本、

---

① 李伟基.网络环境下高校图书馆的预约借书服务[J].图书馆理论与实践,2006(3):93.

机会成本与时间成本。例如，读者未按约定履行图书预约，导致图书馆专门为这些人预留图书，有些预约图书甚至被图书馆滞留于预约专架达20天之久，不仅使图书馆对预借图书的管理工作白白浪费，大大增加了图书馆的管理成本，也严重影响其他读者对图书的预约、借阅与利用①。当然图书馆作为公益性单位，是提供知识服务的机构，不应向读者要求过高的损失赔偿，对于滥用预约借书权造成图书馆产生直接损失的读者，可以象征性要求其承担一定的损害赔偿，对于那些一而再再而三违规的读者也可以采取行之有效的措施（如约谈、告诫等）加以制止，目的主要在于教育、警示违规读者今后遵守预约借书规定，维护图书馆的管理秩序。

第三，设立预约借书诚信记录。可在读者预约借书系统中进行程序设置，对累计多次未领取预约图书的读者采取降低等级、暂停乃至取消预约权限的措施，例如，对于那些预约登记后既不及时借书又不取消预约的读者，可以限制其预约次数，以三次为限，超过三次的系统自动停止其预约权，过一段时间再自动恢复。同时，负责预约借书服务工作的馆员对读者提出的预约信息可以按照缓急程度以及预约履行情况，进行必要的顺序调整，以杜绝读者随意预约的现象。对于那些一贯严格遵守预约借书服务规定的读者，图书馆可适当给予诸如增加预约图书册数、延长预约图书返馆后的保留天数、颁发诚信读者证书等奖励，激励更多的读者重视与利用预约借书服务，并自觉遵守图书馆预约借书服务的相关规定。只有通过严格的约束，从制度上防范读者滥用此项权利，才能减少预约读者的随意性和干扰性预约行为，确保预约借书服务有一个良好、健康的环境，提高图书预约成功率，加快预约图书的流动和使用②。

三、高校图书馆文献传递服务中的版权风险及规避

（一）文献传递服务的定义与特征

关于"文献传递"的概念很难在20世纪90年代以前的参考工具书和专业

---

① 孙强.网上预约借书法律问题研究[J].图书情报工作,2014(2):66-70.

② 符瑞锐,林岚.海南省高校图书馆预约借书服务的研究[J].情报探索,2011(7):114-116.

文献中找到系统的解释。直到1995年出版的《图书馆学与资讯科学大辞典》才对文献传递服务做了比较全面的界定，即"文献传递服务是指图书馆或商业服务机构等文献供应者按照使用者对特定的已确知的文献资料的需求，在适当的时间内，以有效的方式与合理的费用，直接或间接将需要的文献或其代用品传递给使用者的一种服务"。"文献传递"是国外常用的一种表述，是指广义的利用各种信息源，以任何形式（如文本、图片、音频、视频、印本或者这些形式的组合）满足用户的文献需求①。

从字面上来理解，文献传递与馆际互借具有一定的联系与区别：第一，文献传递和馆际互借的联系。文献传递和馆际互借都是图书馆等信息单位为了满足用户对本单位未收藏文献的需求而开展的服务，都是通过资源共享的方式利用外部文献资源最大限度地满足用户需求。第二，文献传递不同于馆际互借。馆际互借是同系统或者不同系统的图书馆之间根据已有的协议，相互出借馆藏文献并在一定期限内予以返还的服务方式；而文献传递则是更广泛意义的文献提供服务，它突破了传统馆际互借服务的范围，多方式地利用各种类型和来源的外部文献资源，在适当的时间将用户所需文献直接或者间接地快速传递给用户的一种非返还式文献提供服务。两者之间的具体差异见表4-1。

表4-1　馆际互借与文献传递比较

	馆际互借	文献传递
产生时间	19世纪中期	20世纪后期
介质类型	图书、期刊等实体文献	文献的复制品
提供方式	现场借还、邮寄	网络提供、电子邮件
返还与否	返还	不返还

大家普遍认为馆际互借是文献传递的初级阶段，文献传递是网络环境下馆际互借的进一步发展，并且文献传递和馆际互借都属于文献提供范畴。事实上，许多图书馆在实践中也采纳此种观点，如大英图书馆、我国国家图书馆和上海图书馆成立的文献提供中心，就是将馆际互借和文献传递纳入文献提供大框架之中②。

---

① 涂湘波,陈有志.文献传递理论与实务[M].北京:知识产权出版社,2009:9-13.

② 姜利华.图书馆文献提供服务的优化策略[J].图书馆学刊,2011(5):85-87.

文献传递是图书馆按照协议，满足读者对文献资源的需求而进行的文献流通的一种方式。具体而言，文献传递服务的特征体现在以下几个方面：其一，对于文献传递的数字资源即便付费使用，也只是在一段时间之内拥有使用权，而并无所有权，即没有著作权，因此，与著作权相关的一系列权利如何使用，需给予充分重视。其二，网络信息具有易逝性特征，对网络服务商是否需要承担信息保存职责，当前各国法律并没有做出明确规定，因此，有相当多的数字信息资源在不断消失，同时受制于著作权保护的限制，人们无法大胆开发利用，处于一种两难境地，需要立法及时予以回应。其三，数字信息对产生信息的原有系统具有依赖性，信息与介体的可分离性、信息的易衍生性等因素降低了信息的安全性，增加了数字化作品著作权维护的难度，个人隐私易受侵犯，因此，强化法律保护尤为必要①。

（二）开展文献传递服务的重要性

1.有利于文献资源的共享

信息资源共享是图书馆业务发展中必须经历的一个重要过程。但是，受制于经济成本的局限，完全通过馆际互借的方式促进文献资源共享当前难以实现，因为还有许多不确定的、影响馆际互借工作的因素存在，如文献的副本量、复印的成本、距离的远近等都是影响馆际互借开展的制约因素。而文献传递借助于现代化的技术手段，将分布于各处的多种文献信息源和用户连接起来，打破了图书馆之间的时空界限，各地的人都可以通过文献传递服务找到所需要的文献。文献传递服务的开展对于推动文献资源的共享发挥着不可替代的作用。调查结果显示，文献传递服务的满足率是很高的，一般都在80%以上，部分可达90%，而且随着网络通信技术与数字化的发展，图书馆的文献传递服务较之其他服务具有无法比拟的便捷性和及时性，因此文献资源的共享才能得以真正实现。

2.有利于馆藏结构的合理化

科技的发展和信息的激增，加剧了信息收藏与需求的不平衡，高校图书馆不得不依据自己的学科发展方向，分析文献传递服务的统计数据，这样才能一

---

① 白雪冰.图书馆文献传递服务中的版权风险及规避策略[J].图书馆学刊,2015(3):5-7.

定程度地客观了解用户文献需求的规律和学术研究动态，从而侧面了解现有馆藏文献资源满足用户需求的程度，为文献的订购、剔除、调整以及合理配置各类型文献的比例提供客观依据，有助于构建多层次、多样化且富有弹性的馆藏资源体系，满足用户不断变化的需求。

3.有利于合理使用文献经费

众所周知，连年攀升的书价及高校的扩招，使得本来就经费紧张的高校图书馆更加捉襟见肘。文献传递一直被视为一种经济有效的资源共享方式，但是文献传递并非在所有的情况下都比文献订购经济划算。因此，通过比较开展文献传递服务的花费与订购这些文献的成本，决定文献是"获取"还是"拥有"，可以合理使用文献经费，避免浪费，减少那些利用率低的文献资源的定购，多购买需求面宽、利用率高的文献资源[①]，扩大文献资源的获取范围，利用有限经费建立完善的文献保障体系。

（三）文献传递服务的模式

文献传递从传递的流程上可以分为中介性文献传递服务模式与非中介性文献传递服务模式。

中介文献传递服务模式如图4-1所示，是指用户、图书馆和文献供应机构三者共同组成文献供应链的主体，图书馆担任用户和文献供应机构之间的转发环节，即用户必须通过图书馆与文献供应机构建立联系，进而获取其需要的文献资源。在中介文献传递服务模式下，图书馆实质上是文献代理传递机构，图书馆把本馆无法满足的文献请求通过文献代理传递机制转发给第三方。这种文献传递服务模式最大的优点在于避免了重复申请。目前，中国高等教育文献保障系统文献传递服务网的服务模式就属于中介性文献传递服务模式。

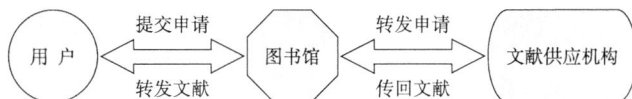

用 户 提交申请 图书馆 转发申请 文献供应机构
转发文献 传回文献

图4-1 中介文献传递服务模式

---

① 张艺缤.试论网络环境下提升图书馆文献传递服务能力及其意义:以华东师范大学图书馆文献传递为例[J].科技情报开发与经济,2012(18):1-3.

非中介文献传递服务模式如图4-2所示，是指用户无须通过图书馆便可以直接向文献供应机构提出文献请求并获得其需要的文献资源。图书馆只参与服务的后台管理工作，如账号分配、用户认证、经费管理、服务监控等。目前，我国高校人文社会科学文献中心和国家科技文献图书中心在服务上都是直接面向最终用户，属于非中介文献传递服务模式。非中介文献传递服务是国外图书馆普遍采用的一种文献传递方式，它消除了用户与文献提供组织之间的馆员中转环节，弱化了图书馆的中介作用，从而节约了时间和成本，提高了服务效率。但是该模式在赋予用户较大自主性的同时，也引发了一些管理上的问题，如重复性申请，即因为用户不了解本馆收藏，而提出对本馆已有资源的申请。因此，有些图书馆采取了一些措施，诸如建立馆藏OPCA系统与供应商数据库的链接，或者加强后台监控管理等，以此来阻止重复性申请。目前，数字图书馆、手机图书馆等越来越多的信息服务商介入了文献传递服务中，可以说，面向最终用户的非中介性文献传递服务是文献传递的发展方向。

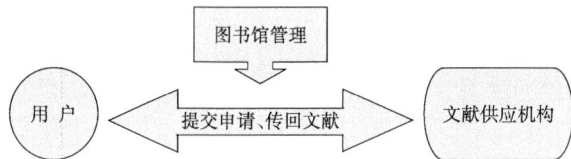

图4-2 非中介文献传递服务模式

文献传递从传递服务机构的性质上可以分为公益模式和商业模式。公益模式是指图书馆为了满足用户对本馆稀缺文献资源的需求，以图书馆之间签订的资源共享协议为基础，彼此互惠利用对方的文献资源。该模式注重社会效益，仅向申请方收取一定的成本费，如复制费、传递费以及检索手续费等，如NSTL（国家科技文献图书中心）作为中国最大的公益性科技文献信息服务机构，其收费标准是0.5元/页+邮费，而武汉大学图书馆是完全免费提供文献资源。商业模式是指图书馆利用一些以盈利为目的的文献信息机构数据库生产商、信息机构等获取文献资源的服务，建立在市场化运作机制基础之上。文献传递服务模式属于公益性还是商业性是处理版权问题必须首先考虑的因素。公益模式属于非营利性质，可以享受《著作权法》授予的一些特权或例外许可，如"合理使用""法定许可"。为了保证文献传递服务的公益性，服务收费标准必须控制在非营利范围。非营利收费按照国际上的标准是"不超过复制和发行的成本",所以文献传递服务可以收费,不过必须符合实际支付的成本,如果超出了"合理使用"的范围,就必须向版权人支付报酬。建立在利益驱动机制之上的商业模式,按照市场价格收取费用,并要求用户支付版税,因此收取的费用相对较高①。

(四) 文献传递服务过程中存在的版权风险

网络技术与信息技术的不断发展加快了图书馆的数字化和智能化进程,文献的复制和传播也变得更加便捷,这就促使图书馆文献传递量逐年增多。虽然文献传递服务有利于信息资源共享,提升了图书馆的服务效率,但是文献传递服务也带来了越来越多的著作权风险,其实质是信息资源共享的公益性与著作权保护的独占性形成矛盾与冲突,甚至引发了诸多著作权纠纷,这也成为制约图书馆文献传递服务深入开展的重要因素。

文献传递必然涉及复制权、信息网络传播权的保护和利用等版权问题。对此,在版权立法或修订过程中各国利益相关方体现了不同的立场,作者或者出版商一方希望严格限制图书馆文献传递的范围,用户或图书馆一方则希望文献传递服务的范围随着网络信息的发展更加广泛,文献传递的权利不被限制,各方通过不断博弈与协调,力图建立能兼顾各方利益需求的、适应数字化与网络化的信息交流新模式②。就我国《著作权法》而言,并没有专门针对文献传递的法律规定。一般来讲,对于印刷型文献的传递适用"合理使用"的规定,而对于电子文献的传递则需要版权人或版权集体管理组织的授权。在这种情况下,图书馆绕开版权人从事文献传递服务是不合法的,因为《信息网络传播权保护条例》第七条规定的图书馆合理使用版权作品的范围仅限于"图书馆馆舍内",不适用于图书馆之间签订的文献传递协议,制约了图书馆之间文献传递服务的开展。如何化解法律风险,完善版权法律法规,促进文献传递服务的广泛开展,以利于文献信息资源的共享,值得图书馆界深入思考与研究③。

文献传递中涉及的著作权问题主要包括《著作权法》和《信息网络传播权

① 范丽莉,詹德优.文献传递服务模式的分析[J].图书馆杂志,2005(10):24-29.

② 吴高.国外文献传递版权法规立法现状与启示[J].图书馆建设,2010(4):25-29.

③ 张书晗.电子文献传递的发展趋势与要解决的若干问题[J].现代情报,2007(3):31-33.

保护条例》中规定的系列权利，包括复制权、署名权、发表权、信息网络传播权等。

1.复制权

什么是"复制"？尽管对其概念有着不同的理解和规定，但是国际版权界几乎已经达成了共识，复制就是指作品被固定下来，保持充分稳定的状态，使之能直接或借助机器装置被公众所观看、复制或向公众传播的行为。学界关于复制的某些特征基本达成共识。一是复制的非独创性，即复制行为只是对原作品的简单重复，而没有产生新的作品，使知识产生增量。独创性是作品能否受到《著作权法》保护的一项基本条件，也是区分利用他人作品的合法性与非法行为的重要标志。复制的非独创性特征对于司法实践中著作权纠纷案件的处理也具有一定的指导价值。二是复制的竞争性。由于复制是原作品内容的再现，无论复制的质量如何，复制件的使用或多或少可以实现原作品的基本功能，所以复制件和原作品就会产生竞争关系，弱化原作品的使用价值。这一特征使人们对盗版侵权行为的危害性有了更加理性的认识，因为盗版的结果是直接以盗版作品替代了原作品，使原作品的市场份额受到压缩，著作权人的利益受到损害①。

复制权是著作权人依法享有的自己复制作品的权利以及许可他人复制作品并由此获得报酬的权利。复制权属于著作财产权范畴，是著作权人最重要的经济权利，因而在著作权制度中处于核心地位。《保护文学和艺术作品伯尔尼公约》（后文简称《伯尔尼公约》）采用的是最宽泛的复制权概念，其第九条规定："受本公约保护的文学艺术作品的作者，享有授权以任何方式和采取任何形式复制这些作品的专有权利。"而我国《著作权法》第十条第一款第（五）项规定："复制权，即以印刷、复印、拓印、录音、录像、翻录、翻拍等方式将作品制作一份或者多份的权利。"该条款对复制权的表述有些笼统，并未直接将数字化内容列入其中，目前在实践中对复制权进行扩充争议比较大的就是作品数字化问题。实际上，早在1999年12月，国家版权局就发布了《关于制作数字化制品的著作权规定》。其中第二条明确规定："将已有作品制成数字化制品，不论已有作品以何种形式表现和固定，都属于《中华人民共和国著作权

---

① 冯晓青,付继存.著作权法中的复制权研究[J].法学家,2011(3):99-112,178.

法实施条例》第五条（一）所指的复制行为，即《中华人民共和国著作权法》所称的复制行为。"因此，不论是传统形式还是数字化形式，著作权人的复制权都受到法律保护[①]。文献传递实际上是制作相同的复制件进行传递的，数字化作品与传统作品，在内容上并没有本质的区别，它们只是作品的不同表现形式，文献传递本身不具有智力劳动特征，无创造性，文献传递行为在法律上严格来说是复制行为。因此，电子文献与传统文献作品一样享有著作权，受到《著作权法》的保护。

2.发表权

发表权指著作权人有决定作品是否公之于众的权利，该项权利是著作权人一项重要的人身权利和财产权利。文献传递的对象一般包括图书、期刊、会议文献以及部分学位论文等。目前国内很多高校图书馆比较重视学位论文的收集、整理工作，因为硕士学位论文、博士学位论文具有很高的价值。《著作权法》规定"合理使用"的对象必须是"已发表的作品"，而作者只是将学位论文交给高校图书馆保存。当前对于这些学位论文是否属于"已发表作品"学界尚存较大争议，即便属于已发表作品，从篇幅及结构上来看它们更接近著作，不同于期刊论文，因此，在文献传递时能否对硕士、博士学位论文进行全篇复制仍有疑问。目前国内有些高校如西安交通大学、华南理工大学等通过学位论文版权许可协议的方式解决文献传递相关问题[②]。

3.署名权

署名权指著作权人有在自己创作的作品上署名的权利，它是确认作者具体身份的重要法律依据，除了向公众表明该作品的所有权归属外，也向公众展示了该作品应承担民事责任的主体。前文已说过，文献的数字化其实是一种复制行为，文献传递中文献电子形式（无论是已发表的作品，还是尚未发表的作品）的著作权属于原作品著作权人，只有著作权人才享有在作品原件或复制件上署名的权利，图书馆不能删除或篡改著作权人的署名，否则就侵犯了权利人的署名权，要承担相应的法律责任。如果图书馆擅自在作品的电子形式上署名，就侵犯了著作权人的署名权。

---

① 涂湘波,陈有志.文献传递理论与实务[M].北京:知识产权出版社,2009:9-13.

② 韦楠华.高校学位论文版权许可协议的反思与重构[J].图书馆建设,2012(4):15-19.

4.信息网络传播权

传统环境下馆际互借的介质是图书、期刊、报纸等实体馆藏，并且局限于签订协议的各馆之间，其传播范围是有限的，侵权风险相对较小。而网络环境下文献传递的介质是复制品，受到的限制较少，传播范围广，传播速度快，这就可能为侵犯网络信息传播权埋下隐患。我国《信息网络传播权保护条例》第七条规定："图书馆、档案馆、纪念馆、博物馆、美术馆等可以不经著作权人许可，通过信息网络向本馆舍内服务对象提供本馆收藏的合法出版的数字作品和依法为陈列或者保存版本的需要以数字化形式复制的作品，不向其支付报酬，但不得直接或者间接获得经济利益。当事人另有约定的除外。"该条规定授权向"本馆馆舍内服务对象"提供已经出版的数字化作品，实际上禁止了在未经授权或者许可的情况下向馆外用户传递复制品的行为。可见，图书馆开展文献传递服务过程中遭到了信息网络传播权的限制。一方面，将数字化的文献上传给对方图书馆或者个人之后，将面临对方对某些有版权保护作品的长久复制，而将有版权保护的作品上传到网上供用户浏览或者下载的行为有的并没有经过版权人同意的。另一方面，图书馆文献传递的前提是仅用于个人的学习和研究，虽然不能用于商业目的，但是无法阻止个人在满足自己学习和研究之后再转与他人分享的行为。由此可见，图书馆的文献传递是有限制性条件的，未经著作权人的许可，将文献资源向社会公众或者非本馆内合法用户传播，将会引发侵权的风险。

5.汇编权

图书馆开展文献传递服务侵犯汇编权的情况主要发生在自建数据库过程中。自建数据库是指图书馆自主开发建设并通过网络开展信息检索服务的数据库。《著作权法》第十条第一款第（十六）项规定："汇编权，即将作品或者作品的片段通过选择或者编排，汇集成新作品的权利。"《著作权法》第十四条规定："汇编若干作品、作品的片段或者不构成作品的数据或者其他材料，对其内容的选择或者编排体现独创性的作品，为汇编作品，其著作权由汇编人享有，但行使著作权时，不得侵犯原作品的著作权。"在建设特色数据库、促进资源共建共享的同时，有的信息服务机构没有取得著作权人的授权或许可，也没有向其支付相应的报酬，便把电子版的报纸、杂志以及一些网站上的文学作品等内容，加以分类、整理，链接到自己的专题数据库上供用户浏览或下载，这些行为将会侵害著作权人的汇编权。高校图书馆在数据库开发过程中对数据进行收集、整理和标引，投入了大量人力、物力，凝聚了建库人员的辛勤劳动和智慧，这实际上是一个知识的增值过程。图书馆对其理应享有相应的知识产权，应利用法律保护自主知识产权，维护自己的正当权益。

（五）文献传递服务中风险的规避

1.解决文献传递中知识产权问题应遵循的原则

（1）利益平衡原则。文献传递作为信息资源共享、满足社会公众信息需求的有效手段，涉及版权人、出版商、信息服务提供商、投资人与社会公众的权利义务关系。现实生活中由于存在不同的利益集团和主体，必然会存在利益的冲突甚至对立。正如庞德所说，人性中欲望的扩张性与社会本性之间的矛盾是产生利益冲突的根源[①]。著作权人对作品的专有权与社会公众对作品的合法需求之间的矛盾就构成了著作权领域私人利益与公共利益的冲突。如果一味强调权利人的利益，忽视公众利益，将造成对知识创新的压抑，阻碍知识传播，最终违背知识产权保护的初衷，相关权利人之间的利益分配也将失衡。如果赋予著作权人的权利太小，著作权人的个人利益得不到充分保护，作品生产的原动力就会不足。利益平衡是解决利益冲突问题，保持利益体系之间均衡、稳定状态的有效方法。解决文献传递中的知识产权问题必须找到这些权利义务各方的共同立足点，促使各相关主体之间的利益达到合理平衡。

（2）动态调整原则。从知识产权制度几百年的发展历程来看，知识产权制度为了适应新技术的需要也在不断发展，例如，虽然《伯尔尼公约》第九条没有直接规定作品的数字化是否属于复制的问题，但随后颁布的《世界版权公约》明确约定："《伯尔尼公约》第九条所规定的复制权及其所允许的例外，完全适用于数字环境，尤其是以数字形式使用作品的情况。"可见，知识产权保护政策是变动不居的，需要根据新的知识产权保护形势适时做出调整。数字化网络化条件下，文献信息共享的知识产权问题发生了许多新的变化，现有的知识产权体系也必然面临一系列的变革和完善，以平等竞争为基本判断准则的

---

① 冯晓青.论利益平衡原理及其在知识产权法中的适用[J].江海学刊,2007(1):141-146.

适度保护也是一种动态发展的过程,需要根据竞争双方的差距来选择相应保护强度。图书馆文献传递的目的是实现信息资源共享、满足用户的信息需求。因此,在传统知识产权法律框架的基础上做出调整,以便解决文献传递中的知识产权问题是当前十分经济有效的选择。

(3)与国际公约兼容原则。由于我国的知识产权制度正在逐步实现与国际接轨,许多图书馆特别是高校图书馆须利用国外文献传递服务来满足用户需求的现象越来越多,而面向国外的文献传递将会涉及法律适用问题。例如,按照判断是否侵权依据损害行为发生地或损害后果发生地的法律规定,在我国享有著作权的文献传递到国外,如果在文献传递过程中发生侵权行为,势必会引起涉外法律适用问题。因此,解决文献传递的知识产权问题时,也应当遵循与国际公约兼容的原则。中国于1980年成为世界知识产权组织成员,于1992年成为《伯尔尼公约》成员。2001年,全国人大常委会批准了《与贸易有关的知识产权协议》(后文简称《TRIPS协议》),知识产权问题已经成为检验"入世"承诺的一条标准。根据《TRIPS协议》,中国对外国国民适用国民待遇和最惠国待遇,保证外国权利持有人在所有知识产权方面的国民待遇和最惠国待遇符合《TRIPS协议》。在我国现行知识产权法框架下解决文献传递的知识产权问题时,要充分考虑《TRIPS协议》在我国的适用,同时还要遵守《伯尔尼公约》等国际公约。这是作为成员的义务,也是我国与国际社会接轨的需要,有利于我国著作权保护水平的提高[1]。

2.文献传递服务中风险规避措施

(1)履行提醒读者注意义务。履行提醒读者注意义务,是指图书馆在文献传递服务过程中对涉及的著作权问题要表明自己的态度。例如,图书馆在文献传递服务的页面上发表声明,明确所提供内容及其界面的著作权归属,规定作品内容合理使用的方法,并警示有可能出现的违法行为,等等。这种著作权声明可以对读者起到提醒作用,提醒读者合理使用作品,避免发生侵权行为,既保护了图书馆的合法权益,也可能成为因履行了合理注意义务而得以减免责任的有力证据。我国多数高校图书馆在提醒读者注意义务方面做得不够。图书馆在开展文献传递服务的过程中可以通过采取发布版权声明或合理使用相关规定

---

[1] 涂湘波,陈有志.文献传递理论与实务[M].北京:知识产权出版社,2009:204.

的警示方式，提醒和告知读者要遵守《著作权法》和相关知识产权法的规定，避免侵权行为的发生，防范潜在的版权风险。高校图书馆应在其网站的文献传递服务页面中附上"版权声明"，并且在图书馆的宣传栏、入馆展板等醒目位置张贴版权公告，告知读者《著作权法》关于文献复制、下载或传输的规定以及违反相关规定需要承担的法律责任。例如，可以在被传递的文献后面加注以下文字："本资料属于版权产品，未经版权人许可不得复制、更改、转发；如系不当接收，请立即销毁。"对于与国外文献提供机构开展合作的图书馆，还应附上其他相关国家有关文献传递方面的版权规定，以避免读者因不熟悉其相关法律法规而造成侵权行为的发生。根据《TRIPS 协议》，外国权利持有人在所有知识产权方面享有国民待遇和最惠国待遇。如果图书馆侵犯了外国权利持有人的知识产权，外国权利持有人不会直接利用《TRIPS 协议》起诉，因为绝大多数国家的法院都不直接受理个人依据《TRIPS 协议》的起诉，中国法院也不直接援引《TRIPS 协议》条文。但外国权利持有人可能利用中国国内法直接起诉有关图书馆，或者利用其他渠道直接将信息反映给中国有关方面。所以，图书馆在涉外文献传递过程中，要注意遵守国际知识产权法的有关规定[①]。

（2）制定文献传递服务版权管理细则。为了规范读者文献传递的使用行为，降低读者著作权侵权风险，同时使图书馆规避共同侵权责任，图书馆应该制定严格的文献传递服务版权管理细则。版权管理细则主要包括文献传递的范围、文献传递的方式、文献传递的数量、文献传递的收费标准等内容。比如清华大学图书馆对文献传递服务范围进行了较为细致、清晰的规定：规定允许文献传递的方式；限制文献传递的数量（如章节数或期刊篇数）；严格审核文献传递的申请，未经申请和批准的不能享受文献传递服务；对已经获取的文献进行期限限制，并规定不得对这些文献资料进行任意复制、保存或传输等[②]。另外，许多国家版权相关法规的文献传递条款规定越来越细致，有具体的数量标准。例如，英国《版权、设计及专利方案》第三十九条明确规定："请求者只能对期刊中一篇文章提出一份复制请求，不得就同一篇文章提出一份以上的复制请求或就同一部期刊中一篇以上的文章提出复制请求。"澳大利亚《版权法》

① 陈传夫,曾明,谢莹.文献传递的版权风险与规避策略[J].四川图书馆学报,2004(1):73-76.

② 郑文晖.高校图书馆文献传递服务版权保护及风险防范策略研究[J].图书馆工作与研究,2016(7):36-40.

第四十条规定："图书馆为研究或学习目的，可不经许可与支付报酬，复制与提供作品的10%或在版期刊中的1篇文章。"加拿大《版权法》第三十条规定："为了个人研究与学习目的，图书馆之间可以开展馆际文献传递，前提是：制作一份电子复印件，除请求者之外不能将文献传给任何其他人，该电子复印件经过保护措施只能打印一份纸质文档，而且在五个工作日之后必须将该电子复印件立即删除。"我国应借鉴国外经验，增加针对文献传递的具体版权规范内容，使之更加具有可操作性和规范性。具体来说：第一，明确文献传递的原则。为了保护版权人的合法利益，限制任何未经授权而进行文献传递服务的行为。明确公布什么是用户违法行为，使用户知晓是否侵权的合理边界，自觉遵守《著作权法》的有关规定。为了维护社会公益，重视对具有社会公益性质的文献利用者的保护，如教育、科研工作者和其他公共利益者。第二，明确规定文献传递的范围。明确有版权的文献可传递给用户免费使用的相关内容或使用其前多少页的内容，或者所占某一论文的比例。第三，明确规定文献传递的类型。确定文献传递的类型是解决版权问题必须首先考虑的因素。对于公益性传递，应坚持非营利模式，保持文献传递服务的公益性。通过禁止集中式的文献传递、仅针对特定用户提供服务等方式，限制文献传递的范围。第四，明确规定文献传递版权警示的程序。例如，美国《版权法》明确要求在合适场所张贴版权警示，并且文献传递复印申请单上也含有此类警示；英国《版权、设计及专利方案》要求用户签署为个人学习目的而使用文献副本的版权声明[1]。这些做法对于我国完善文献传递程序具有一定的借鉴意义。

（3）采用法定许可制度。图书馆文献传递的对象已不仅仅是传统纸质文献，网络环境下图书文献信息传递服务更多针对的是海量的、丰富的电子资源，传统的合法授权和合理使用模式已远远不能满足读者随时随地获取文献资源的需求，因此，应考虑适当采用法定许可方式解决标准文献传递的版权问题。法定许可使用与授权许可使用最鲜明、最突出的区别在于无论是邮寄、传真还是邮件形式的文献传递，均可以在不征得版权人同意的前提下使用其版权作品，因此，法定许可有利于在提高标准传播效率的同时降低公众获得标准的成本，既保护了版权权利人的经济利益，又较好地实现了授权作品的社会效益。事实上，德国的文献传递服务均是基于法定许可范围开展的，大大提升了

---

① 吴高.国外文献传递版权法规立法现状与启示[J].图书馆建设,2010(4):25-29.

文献传递服务的效率，德国的这种做法值得借鉴。因此，我国高校图书馆在法定许可的范围内可以通过版权清算中心或者著作权集体管理组织等开展文献传递服务，通过弱化权利排他性的方式降低作品利用的交易成本。这样做虽然需要支付一定的报酬，但是提高了版权作品的流通率，也降低了社会公众获取版权作品的成本，同时保证了著作权人的经济利益和社会利益的平衡①。

（4）完善文献传递集体管理制度。为克服数字环境下版权问题复杂的弊端，许多发达国家如美国、德国、日本等采用集体管理方式管理文献版权问题，效果非常好。例如，德国著作权集体管理组织与多媒体生产商联合开发了电子结算系统，用户申请文献传递可通过该系统结算，著作权集体管理机构可以在线处理著作权事务，收集与分配各项版税，并通过技术手段保护著作权人的利益。虽然我国《著作权法》第八条、《著作权集体管理条例》第十九条都明确规定著作权人可自由加入著作权集体管理组织，但著作权集体管理组织管理水平落后，存在种种弊端，如缺乏先进的技术平台、授权效率不高、滥用其垄断地位侵害权利人和使用者的权益、维权不积极等。这些问题的存在使得著作权集体管理组织很难有效处理集体管理事项，难以满足文献传递服务中大量的著作权许可要求，导致很多作者对著作权集体管理组织产生信任危机，影响了更多会员的加入。基于此，我们有必要借鉴国外的先进经验，完善我国著作权集体管理制度，开发现代化的著作权信息管理系统和结算系统，加强科学管理，提高授权效率②。具体来说：一是完善我国著作权集体管理制度，改自愿性管理为延伸性管理或强制性管理（即著作权集体管理组织将其与会员所签订的著作权集体管理协议的效力延伸适用于非会员，但是权利人明确拒绝接受管理的除外）；二是建立统一著作权权利信息查询平台，开发版权管理信息系统，实现我国版权集体管理的数字化；三是破除著作权集体管理组织的垄断性，引入市场竞争者，提高授权效率。在我国，对于商业性的文献传递服务，图书馆应当加强与中国版权保护中心的合作，与其签订版权许可协议，由其向版权人支付版权作品使用费，保护版权人的利益③。

①熊琦.著作权法定许可的正当性解构与制度替代[J].知识产权,2011(6):38-43.

②王代礼,杨芹,韩玉巧.数字环境下文献传递模式演化与著作权规制研究[J].图书馆学研究,2017(3):98-101,86.

③陈清文,曹艳.国外图书馆文献传递版权立法变化及对我国的启示:以德国为例[J].图书馆,2011(5):77-78,87.

（5）妥善应对版权危机。版权关系的复杂性使得图书馆在文献传递服务过程中无法完全避免版权纠纷，这将会对图书馆的内部管理、社会声誉以及经济利益等造成不利影响，因此，图书馆应及时化解版权纠纷，尽量减少负面影响。网络使版权侵权变得更加容易，著作权人要保护自己的合法权利也变得十分困难，而图书馆对用户的情况比较了解，有了图书馆的积极协助，司法部门对侵权行为的查处会变得更加容易，这有利于保护版权人的合法权利，也会有效减少用户的侵权行为。因此，一旦发生侵权行为，图书馆应协助权利人对侵权行为进行查处，同时还应为权利人提供合理的投诉渠道，对于文献传递记录要尽量保存，以便更好维护自身合法利益。另外，有必要对文献传递的复制件进行销毁等。对于这一点我国《著作权法》没有规定，但有些国家对此有规定，如美国普遍使用的数字文献传递系统 Ariel，将文献进行数字化后扫描发送给用户，之后系统会自动删除电子文献副本；澳大利亚《版权法》也做了类似规定，即图书馆在向用户或其他图书馆提供数字复制件服务后，五日之内必须毁掉复制件。英国的 File Open 系统，通过点击链接获取全文，有效期为30天，下载后与电脑绑定并仅可打印一次。也可以通过技术手段防范文献传递可能对版权人造成的损害，如通过技术措施只允许用户浏览文献但不允许下载，或只允许下载但不允许打印；通过设置密码等手段只允许特定用户进入网站，通过点对点的传输方式来传递作品；设计防止复制件被滥用的程序，应用删除复制件程序等新技术来限制文献传递。技术手段适用于文献传递不仅对著作权人的利益起到了很好的保护作用，对图书馆侵权责任的抗辩也能起到一定的证明作用[1]。

四、高校图书馆数字参考咨询服务中的版权风险及规避

（一）数字参考咨询服务的定义及特点

计算机技术的产生和发展，使得数字化文献成为图书馆资源的重要组成部分。尤其是20世纪90年代以后，互联网和通信技术的兴起，使得通过网络进行文献传递成为可能，通过互联网进行远程服务也正成为图书馆服务的新形

---

① 卢纯昕.图书馆馆际互借与文献传递版权例外的立法构建[J].图书馆杂志,2016(5):26-31.

式。在网络环境下，读者的需求日益多元化，传统的参考咨询服务已经无法满足读者的需求，于是基于互联网的数字参考咨询服务应运而生。

在国外，数字参考咨询服务也称为虚拟参考咨询服务、在线参考咨询服务或电子参考咨询服务等；在国内，我们一般将其统称为数字参考咨询服务。目前学术界对于数字参考咨询服务的定义仍然存在分歧，尚未达成共识。

美国图书馆协会参考咨询与用户服务协会认为，数字参考咨询服务是建立在计算机及网络技术基础上的将用户与图书馆馆员的知识联系起来而不需要他们实际见面的问答式服务。

L. Saunders认为，数字参考咨询是一种通过电子邮件、实时问答或网络表单提交问题和获得答案的机制。Virtual Reference Desk（虚拟参考咨询台）认为，数字参考咨询就是建立在网络基础上的将用户与专家的学科专业知识联系起来的问答式服务。数字参考咨询服务利用因特网将人们与那些能够回答咨询并支持发展这种技能的人联系起来[①]。傅安平认为，数字参考咨询服务是指在现代网络环境下，咨询馆员、专家针对读者、用户提出的有关特定的信息需求及各种个性化问题，以现实收藏中各种媒体的文献信息资源及丰富多样的网上信息资源为参考信息资源，借助于计算机技术、光盘检索技术、多媒体技术，特别是网络信息传输技术而开展的，对有关信息与知识的调研、搜集、评价、选择、加工、分析、创新、提供和传播的智力主导型的新型信息服务[②]。

通过上述分析可以看出，尽管学术界对于数字参考咨询服务的定义不尽相同，但是关于数字参考咨询服务的特点达成了共识：第一，数字参考咨询服务是基于网络环境的。数字参考咨询服务是在网络环境下基于网络技术支持而开展的，这是其与传统参考咨询服务最大的区别。因此，学界在对数字参考咨询服务进行定义时，都将网络环境和网络技术的应用视为其重要组成部分。第二，数字参考咨询服务本质上仍然是参考咨询服务。数字参考咨询服务是参考咨询服务在服务形式上的一次创新，其归根结底仍然是参考咨询服务的一种，在概念上包含于参考咨询服务。无论是传统参考咨询服务还是数字参考咨询服务，其最终目的都是帮助用户获取有用的知识、信息和情报。随着专业化的程度不断加深以及专业分工的日益细化，把所有用户都培训成信息检索高手既无

---

① 袁红军,吴起立.图书馆数字参考咨询服务理论与实践[M].北京:海洋出版社,2011:1.

② 傅安平.数字参考咨询[M].南昌:江西高校出版社,2009:6.

必要也难以实现，因此，图书馆从业人员理所应当承担更多的信息检索任务。第三，数字参考咨询服务依托的信息主体为数字化的文献资源。虽然图书馆馆员在数字参考咨询服务中依然需要参考传统的纸质文献，但是由于纸质文献无法通过互联网进行传递，而且又受到图书馆纸质文献数量的限制，所以，传统以纸质文献为基础的参考咨询服务在数字参考咨询服务中发挥的作用逐渐减小。数字化的文献资源因其存储方便、传输便捷、资源量大等优点，在数字参考咨询服务中的应用日益广泛，已成为数字参考咨询服务的信息主体。

通过对上述定义的分析和总结，可以认为，数字参考咨询服务是图书馆在网络环境下，以计算机技术与通信技术为基础，主要依托图书馆丰富的数字化文献资源，帮助用户获取知识、信息和情报等各种资源的服务模式。

数字参考咨询服务与传统参考咨询服务相比，有了质的飞跃，虽然其提供的知识、信息或情报的本质没有变，但是其服务对象、服务形式、服务内容等已经发生了巨大的变化，呈现出新的特点。而研究数字参考咨询服务的特点，对于利用好、发展好数字参考咨询服务具有重大的意义。

第一，服务对象扩大。数字参考咨询服务是利用互联网技术进行参考咨询服务的，由于互联网具有共享性、开放性、多元化等特点，无论用户身在何处，只要有一台能够连接互联网的计算机就能够向图书馆提出参考咨询服务申请，图书馆也能够根据申请提供相应的服务。图书馆数字参考咨询服务因此跨越了空间的障碍使服务的对象变得更加广泛了。不仅如此，数字参考咨询服务还跨越了时间的限制。如美国的CDRS（合作数字参考服务）项目，已经吸引了多个图书馆组织的加盟，具备了国际联合参考咨询服务的规模。跨时区图书馆的加盟，使用户可以在任何时间都能得到实时的数字参考咨询服务。正是由于数字参考咨询服务的时空范围变得十分宽广，用户在任何时间和任何地点都可以得到数字参考咨询服务，所以说数字参考咨询服务的服务对象扩大了。

第二，服务方式多样。数字参考咨询服务通过表单咨询、电子邮件、聊天室、视频会议、语音等多种方式进行，这种交流可以是一对一、一对多和多对多的交互式信息交流。这些服务方式的运用使数字参考咨询服务不仅能够消除由于地理位置距离远而带来的信息隔阂，而且能够传递比"面对面"参考咨询服务更多的信息。随着计算机技术的不断发展，语音通信技术和视频通信技术相继出现，用户和参考咨询服务人员可以借助语音和视频技术进行"面对面"

的实时交流，克服了文字传递信息的各种缺陷。还有图书馆通过参与式跟踪服务，把参考咨询服务直接做到教学、科研、生产设计等课题的攻关和科研环节中去，使其成为课题的重要组成部分。这种方式既能加强相互联系又便于信息沟通，既有利于发挥参考咨询服务人员的主观能动性，又使信息传递从被动索取转变为主动服务。

第三，信息源更加丰富。较之传统参考咨询服务，数字参考咨询服务的主要信息源已从纸质文献转化为数字化的文献资源。纸质文献只能传递文字和图像信息，而数字资源还能够传递声音和视频信息。因此，数字参考咨询服务的信息源无论是内容还是形式都变得更加丰富，更具有多样性。数字化的文献资源是数字参考咨询服务的主要信息源，参考咨询服务人员能够利用图书馆现代化管理系统检索、获取数字文献，大大提升了数字参考咨询服务的检索效率与服务水平。另外，数字参考咨询服务的过程和结果容易在计算机上通过数字技术加以保存，有利于知识的积累和管理。实际上，目前很多的数字参考咨询服务机构都建立了自己的知识库，而知识库的建立不仅能够便捷地解决日常服务中遇到的常规问题，也便于不断地开发和利用已有知识，创造新的知识。从这个意义上说，知识库是数字参考咨询服务又一个重要的信息来源。

第四，服务重心发生变化。传统参考咨询服务多是在用户检索信息的过程中提供帮助，其侧重点是教会用户检索文献。而数字参考咨询服务直接关注用户要解决的问题本身，倾向于为用户提供更为深入的问题解决方案，而不是只获得检索文献和检索方法，这对图书馆参考咨询服务人员的素质提出了更高的要求。参考咨询服务人员不仅需要熟练掌握信息检索方法、检索技巧、检索策略等方面的专业知识，还要了解与掌握所负责领域的基础知识和前沿理论，这样才能更好地适应参考咨询服务发展的需求[①]。

（二）数字参考咨询服务的发展

1.国外数字参考咨询服务的发展

1984年，美国马里兰大学的健康服务图书馆率先推出了"参考服务的电子化访问"，这是世界上首个真正意义上的数字参考咨询服务。初期的数字参

[①] 傅安平.数字参考咨询[M].南昌:江西高校出版社,2009:6-8.

考咨询服务采用的是网上留言的方式，用户通过填写一个具有一定格式的留言表，向图书馆提出咨询服务请求，图书馆由专人对用户的问题进行回复。1992年，美国教育咨询信息中心推出基于 WebForm 表单的合作数字参考咨询服务。随着互联网技术的发展，即时通信技术开始出现。1995年，开始出现了基于即时通信技术的实时数字参考咨询服务。自此以后，国外许多图书馆开始应用 Chat（聊天室）技术在网上开展实时咨询服务，一些图书馆通过购买商业软件提供服务，而一些实力较强的图书馆则自行开发实时参考咨询系统。例如，1997年，加州大学欧文分校推出了"科学咨询台"，利用桌面视频会议技术为学生提供实时交互式的数字参考咨询服务。2000年，美国国会图书馆联合多家图书馆开发了联合数字参考咨询服务，成为第一个全球范围内的分布式实时合作咨询服务系统。用户可以通过电子邮件、网络语音和视频传递请求并获得答案，有效地实现了信息资源、人力资源、服务资源等的共享与利用。

2.我国数字参考咨询服务的发展

我国的数字参考咨询服务起步较晚，1999年，清华大学开展的"图书馆百问"是我国数字参考咨询服务的最初形式，之后，我国的数字参考咨询服务随着互联网的兴起逐渐发展起来。中国科学院国家科学图书馆网上咨询台于2003年正式投入运营，这是由中国科学院国家科学图书馆开发的数字参考咨询系统，被视作我国数字参考咨询服务的代表性机构之一。该馆不仅向用户提供表单、邮件咨询，还开展实时咨询服务，使咨询服务人员和用户之间能够进行实时信息沟通与交流，迅速掌握并满足用户的信息需求。另外，图书馆联合数字参考咨询服务在我国也开始出现。由上海交通大学图书馆联合清华大学、北京大学、复旦大学等高校图书馆成立的 CALIS 分布式联合虚拟参考咨询系统成立于2005年，该系统提供传统纸质文献的检索服务、表单咨询和实时咨询服务。数字参考咨询服务的最终目标是实现整个数字化空间中的资源共享和服务共享，无论是从最终目标来看，还是从目前各国实践来看，数字参考咨询服务最终都要走向协作。而我国已经初步建立起一些数字参考咨询服务系统，相比国外的数字参考咨询服务，其形式上已经没有多大差别，这对我国知识资源的传播发挥了巨大的作用。我国图书馆应根据实际情况，开展多种形式的数字参考咨询服务以充分满足用户不同层次、不同类型的需求①。

（三）数字参考咨询服务的侵权风险及规避

1.信息资源导航服务中的侵权风险及规避

信息资源导航，是根据用户需求在浩如烟海、分散无序的信息海洋中按设定的专题进行搜索，对相关信息进行搜集、选择、分类、组织和有序化整理，并提供线索与导引以方便读者查寻所需的知识资源的服务方式。在信息资源导航服务中，图书馆实际承担着网络接入服务提供者（ISP）和网络信息服务提供者（ICP）两种角色职能。图书馆既提供网络链接、搜索、信息存储空间服务等物理基础设施服务，也提供各类作品的信息内容。

链接是信息资源导航服务的主要手段之一，链接技术本身并不构成侵权，但从近年来国内外一系列与链接有关的法律诉讼中可以看到，链接方式不当，可能构成侵权行为。链接的主要方式分为外链接与内链接。外链接即设链者直接提供被链者的网址，使用户通过点击该网址可以快捷地获取所需的信息资源，因链接时保留被链接网站的域名，用户能够明确知道链接对象的完整信息，一般认为这属于正常的链接，属于可以获得合理使用豁免的范畴。内链接也称埋藏链接，即通过加框技术和埋藏链接技术绕过被链接网站主页而直接链接到分页中的某一具体内容。这种链接极易导致用户认为其使用的内容为设链者本身所提供，或设链者借用被链接网站在某方面的优势，达到"搭便车"的目的，这不仅侵犯了被链接网站的署名权，也损害了被链接网站的商业利益②，因此，内链接容易引起法律纠纷。典型的案例就是，美国《新闻周刊》在事先没有经过对方许可的情况下，将《华盛顿邮报》上登载的新闻链接到自己网页上，《华盛顿邮报》以侵犯著作权为由向法院起诉，最终法院判决《新闻周刊》败诉。图书馆的知识导航需要把握链接的尺度，应尽量采用外链接方式，不能破坏被链接网页的完整性，因为网页具备作品的构成条件而受《著作权法》保护。如果必须使用内链接，应事先取得被链接者的许可，链接时注明来源和免责声明，履行注意义务，避免发生侵权纠纷。若链接服务涉及侵权作

---

① 顾红,任宁宁.解读数字参考咨询服务[M].北京:经济管理出版社,2010:12-17.

② 黄佩,刘兹恒.图书馆联盟数据库资源共建共享的版权问题研究[J].图书与情报,2015(3):56-60,76.

品，在著作权人要求停止链接时，有义务采取必要措施制止侵权行为继续发生。例如，在"刘京胜诉搜狐爱特信信息技术（北京）有限公司侵犯著作权纠纷案"中，搜狐公司在其网页上链接未经原告许可而上载原告翻译作品《唐吉诃德》的网站，由于被告在接到原告要求停止链接侵权材料后，未及时删除链接，法院判决被告的行为帮助侵害了原告的著作权[①]。另外，图书馆在信息资源导航服务中也不宜使用图像链接，因为图案、照片、美术作品、摄影作品具有独创性，受到《著作权法》的保护。因此，未经著作权人许可，图书馆如果以这些处于著作权保护期的作品为链接标记链接到自己的网页上，将会招致侵犯著作权的风险[②]。

2.代检代查服务中的侵权风险及规避

按照检索深度，代检代查服务可分为浅层检索和深层检索两个层次，浅层检索主要是查找满足用户需求的某方面文献的出处或者馆藏地点，深层检索是查找并提供文献，后者涉及图书馆使用、复制或传播文献。《著作权法》第二十二条规定，为个人学习、研究或者欣赏而使用他人已经发表的作品，可以不经著作权人许可，不向其支付报酬。此规定并没有明确图书馆可以不经著作权人许可实施这种行为，也没有规定图书馆可以帮助用户为其学习、研究或者欣赏作品而复制他人作品。为规避侵权风险，图书馆可以只提供文献线索，鼓励用户自行借阅或复制。若用户不方便自行获取，图书馆在不影响版权人版权利益的前提下，严格控制复制数量，明确文献用途，并提醒用户遵守《著作权法》关于"合理使用"的规定。图书馆在参考咨询服务中应充分利用《著作权法》对摘要和题名等信息没有版权限定的便利，积极开发题名数据库和摘要数据库，为用户提供文献信息服务。

3.用户提问中的侵权风险及规避

对于用户提问的著作权问题，按照问题本身是否具有独创性分为两类。如果用户"提问"本身仅仅是几个字或者简单的一句话，不具有独创性，不构成《著作权法》意义上的作品时，图书馆可以对这类"提问"进行收集、编排和

---

① 刘京胜诉搜狐爱特信信息技术(北京)有限公司侵犯著作权纠纷案[EB/OL].https://www.chinacourt.org/article/detail/2002/04/id/3384.shtml.

② 石聿根.数字参考咨询服务中的版权问题研究[J].图书馆学研究,2006(5):66-68.

传播。但是如果"提问"具有独创性，具备作品的特征和属性时，图书馆就不能够随意使用这类作品。当前，这个问题还没有引起我国图书馆界的重视。对此，国外图书馆通过格式合同获得"提问"使用权的经验值得借鉴。例如，美国纽约公共图书馆声明：用户提出的问题将进入公有领域。这种声明虽然看似简单，但是意义重大，意味着图书馆对用户的咨询请求享有否决权。如果用户不接受该条款，图书馆将不为其提供咨询服务；如果用户接受该条款，图书馆就可以对其"提问作品"进行拷贝、编辑，以便提供给其他用户利用①。值得注意的是，图书馆应尽量避免对"提问作品"进行商业性利用和传播。如果提问记录中涉及其他人的作品，著作权属于原作者，也不能随意加以编辑、更改等。

4.提供二次、三次文献服务中的侵权风险及规避

数字参考咨询服务中向用户提交的咨询答案，并非互不相关的、零散的、无组织的信息片段，而是通过图书馆馆员的鉴别、选择，并按照一定的组织形式编排而成的具有信息增值功能的二次、三次文献，而编辑二次、三次文献的过程又可细分为两个方面：编制书目索引以及编辑专题资料汇编、综述或信息刊物。其一，如果仅仅是编制题录、索引，并不涉及侵权问题，因为编制书目索引是为了揭示文献和方便查找原文。图书题名往往没有独创性，一般不认为是版权作品。但是在极个别情况下，题名也可以受到著作权保护，对其汇编时要注意权利的处理问题。其二，如果是汇编信息的全文，编辑专题资料汇编、综述或信息刊物时就很容易侵权。对这类文献的编辑，会涉及原作品著作权中的演绎权。因此，咨询馆员在编辑专题资料时，要注意适当引用他人作品，而且需要对每一段文摘、每一篇文章的版权状态做出评价，要注明出处。另外，在二次、三次文献编辑过程中也凝聚了咨询馆员创造性的劳动，因此，图书馆对汇编享有整体上的版权，未经许可任何人不能擅自将其出版。对此，很多馆员实际上并不十分了解，常常是为读者付出了大量心血和智力劳动而自己却一无所获。例如，某图书馆两位馆员曾受一位教授委托，整理了一份资料，后来他们偶然在这位教授的书中发现其附录中有2/3的内容都是他们编辑整理过的资料，但由于缺乏法律意识，不知道自己享有的这项权利，事先也没有与这位

---

① 贾春莲,李杨.浅析数字参考咨询中的知识产权问题[J].图书馆学研究,2011(7):92-95.

教授签订任何书面协议，最终导致自己的署名权和经济利益受损①。

五、高校图书馆音像服务中的版权风险及规避

随着网络技术和数字技术的发展，音像服务已经成为高校图书馆重要的一种服务方式。它能够快速、及时地为读者提供最新的文献和声像信息，丰富读者课余文化生活和陶冶情操，激发读者的学习兴趣。然而，图书馆音像服务的范围在数字网络环境下大大拓展，与之相关的版权保护问题也日益复杂，因此，高校图书馆在做好音像服务的同时，还应注重对知识产权的保护。

（一）高校图书馆音像服务的发展概况

音像制品是指用录音录像技术和设备制作的记录原始声音或图像信息的视听出版物，是录音制品、录像制品的简称。20世纪80年代中期，以盒式录音带及盒式录像带为代表的音像技术开始普及，这个时期大多数高校图书馆都先后建立了不同规模的语音室、放像室，开展多方位的音像服务，并以这些语音室、放像室为基础，逐渐形成了高校图书馆的音像阅览室。进入90年代，以VCD和DVD为代表的数字音像技术以及大屏幕LCD/DLP多媒体投影机技术在我国取得长足的发展，并日渐成熟，给高校图书馆的音像服务提供了强有力的技术支持，促进图书馆音像服务质量、音像服务水平得以快速提升，有的高校图书馆还开始使用数字电影服务器进行数字电影放映。近年来随着高校的发展，其新图书馆建设也较为普遍，崭新的音像阅览室环境幽雅，设施齐备先进，服务也很到位，高校图书馆的音像服务工作进入了蓬勃发展的时期。高校图书馆音像阅览室成为备受广大师生欢迎的"第二课堂"，尤其是在提升外语教学水平、专业教学质量以及学生综合素质等方面发挥了重要的作用。然而，进入21世纪，网络技术、数字技术以及多媒体技术的迅速发展与广泛应用，给高校图书馆音像服务工作带来了较大的冲击，网络上各种丰富而廉价的音像信息资源对众多学生更具有吸引力，学生对图书馆音像阅览室的需求日渐减少。另外，随着法治国家建设进程的推进，国家相继颁布了规范音像制品使用

① 张新勤.浅析数字参考咨询中的知识产权问题[J].理论探讨,2007(2):27-29.

的法律法规，使高校图书馆音像服务工作的开展受到了一定程度的影响。一些高校图书馆缺乏对法律法规及政策的有效应对，采取顺其自然的放任态度，导致高校图书馆音像服务出现停滞和倒退现象[①]，甚至有的高校图书馆关闭了音像阅览室，并转作他用。

从图书馆音像服务的发展情况来看，图书馆音像制品的来源主要有以下四种途径：第一，图书馆自身的藏品。第二，图书馆为提供音像服务而购买的音像作品。第三，随书光盘。现在很多图书都配有光盘，大部分光盘中的内容为视听作品。第四，网络下载的音像作品。一些图书馆通过下载的方式收集音像作品，并通过视频编辑软件加工编辑后供读者使用，如图书馆的 VOD "视频点播"系统。较之传统的印刷型文献，音像制品除了体积小、容量大以及具有快捷性和逼真性等特性外[②]，还有一个显著的差异是音像制品一般有多个作者，这是因为音像制品是由集体共同创作完成的。

（二）高校图书馆音像服务的特征

1.音像服务方式的多样性

文字信息或图像信息是传统图书馆的主要载体，虽然信息种类较为单一，但是它的抽象性与逻辑性都很强，需要读者通过联想、想象和理性加工才能理解、消化和接受。随着计算机技术、网络技术的迅速发展，人们不仅需要文字信息，还需要图片、影像、声音、视音频等多种媒体信息。用户对多元化信息的需求呼吁图书馆开展音像服务，音像资源也以其生动形象、视听结合、时空自由、模糊信息少等特性，深受用户的青睐[③]。用户既可以在图书馆里享受各种音像服务，也可以在宿舍或家中通过网络不受时空约束地尽享图书馆提供的现代化音像服务。可见，音像服务是现代化图书馆立体化服务不可或缺的组成部分，它的开设必将进一步推动图书馆的现代化转型。

---

① 赵明.浅谈高校图书馆的音像服务以及音像阅览室的合理开发[J].科技情报开发与经济,2008(21):50-51.

② 刘建民,胡芳.高校图书馆音像服务探讨[J].湖北师范学院学报(自然科学版),2009(4):39-42.

③ 赵鑫.数字时代现代图书馆的音像服务研究[J].电子技术,2011(7):18-19.

2.音像服务对象的广泛性

图书馆音像服务的对象一般包括本馆的合法用户，也包括馆外用户，其中以馆际互借、文献传递等方式服务的受众对象更为广泛，只要是遵守协议并为了个人学习和研究的需要的读者都可以是音像服务的对象。音像资源因其快捷、易懂、方便的特点已经被越来越多的读者所喜欢。图书馆作为音像制品的拥有者和知识的传播者，应该严格、细致地挑选音像服务内容，选择的音像制品既要有大众性，又要有教育意义，应充分显示音像资源的独特魅力。例如，让读者在欣赏到动感的画面、聆听到美妙的声音的同时能获得新鲜的知识，让读者在一种清新、自然的环境中去享受阅读带来的愉悦，真正体验不同的阅读方式带来的不同感受。

3.音像服务效果的延伸性

高校图书馆的音像资源除了娱乐读者、丰富读者的精神生活以外，更主要的功能是配合学校做好课堂教学的延伸和巩固读者对基础知识与专业技能的理解。课堂教学时间是有限的，而知识的延伸是无限的，图书馆通过音像服务可以在很大程度上满足读者对于知识的渴求。音像服务的延伸性主要体现在它可以对知识结构的完整性和系统性进行剖析，通过知识的分化、归类与重组，使读者既可以根据自己的学科专业、兴趣爱好选择音像资源，也可以在不同的音像资源中学习各种理论知识和专业技能。读者群体的需求效应通过音像服务显示出强大的反应区，使课堂之后的知识点反馈面更加宽泛，使读者对于知识技能的了解与掌握能力更强，音像服务的覆盖面也随之越来越大[①]。

（三）高校图书馆音像服务中涉及的版权风险与应对策略

1.音像复制

复制权是著作权保护制度的基础，也是著作权法保护的核心内容。图书馆音像服务中的复制主要表现在以下几个方面：第一，对磁带、光盘、幻灯片等音像制品进行复制；第二，将购买的音像制品（较为常见的是随书光盘）上传到图书馆，已成为图书馆音像服务的一种重要方式。图书馆在上传音像制品的过程中一定包含"复制"这个关键性的环节。根据《著作权法》第二十二条的

---

① 朱莉.加强高校图书馆视听服务之"五多"[J].图书馆学刊,2008(4):108,115.

规定，图书馆可以在以下两种情况下对音像制品进行复制：其一，为学校课堂教学或科研，少量复制出版发行的音像制品供教学或者科研人员使用；其二，为陈列或者保存版本需要，图书馆可复制本馆收藏的音像制品。对于图书馆为了保存版本的需要进行的复制，法律是明确授权许可的；对于为学校课堂教学或科研需要，根据《著作权法》第十条第（六）款①和《著作权法》第五十八条②的规定，如果图书馆复制音像制品并有偿转移该复制品的所有权，则超出了《著作权法》规定的"合理使用"的范畴，构成了《著作权法》上的出版，而未获得授权的出版则是侵权行为。当图书馆将购买的音像制品通过网络提供给读者使用时，临时下载进行浏览构成暂时复制，暂时复制是否构成侵权意义上的复制，因不同国家或地区采取的标准不同而有所差异。国外关于著作权保护存在"低保护主义"和"高保护主义"之分。低保护主义对暂时复制不予保护，认为其不构成侵权，如《世界版权公约》采取低保护主义。而高保护主义的国家或地区则对暂时复制也予以保护，如欧盟的《关于协调信息社会版权及相关权利特定方面的指令》中则包括了暂时复制。该指令规定，复制包括以任何方式或形式所进行的直接或间接、永久或暂时的复制。我国《著作权法》目前采取的是低保护主义，不认为暂时复制是侵权行为。由于著作权的地域性特征，外国的法律规定对我国不产生效力，但我国已加入很多知识产权保护方面的国际公约，应该履行相应的国际义务，因此，国内仍然存在因暂时复制而侵权的可能，对此图书馆在音像服务（尤其音像制品来自国外的）中应当予以重视。为了方便更多读者使用，图书馆往往将音像制品的内容下载保存在硬盘等存储介质上，这也构成《著作权法》意义上的复制，未获授权的下载（复制），若超出"合理使用"的范畴将构成侵权。另外，图书馆在提供这些服务时必须进行数量控制，不能利用复制来进行创收。技术措施主要是防止未经授权的读者进行非法的复制、下载、传播，前面提到将音像服务范围限于"图书馆馆舍内"，是图书馆音像服务最为安全的利用模式。如果将音像服务的范围扩展到校园网内，突破了图书馆建筑的物理范围，此种做法在目前现行的《信息网络传播权保护条例》框架内有违法之虞，而此时可以采取 IP 地址过滤的方法，

①《著作权法》第十条第（六）款规定："发行权，即以出售或者赠与方式向公众提供作品的原件或者复制件的权利。"

②《著作权法》第五十八条规定："本法第二条所称的出版，指作品的复制、发行。"

拒绝图书馆局域网以外的IP地址访问本系统[①]。

2.音像放映

放映权是指通过现代技术设备公开再现摄影、电影或以类似拍摄电影的方式创作的作品的权利。放映权和展览权、表演权、广播权等经济权利一样属于专有财产权，版权人具有禁止其他人和机构行使的权利。有些图书馆设置了多媒体实验室、幻灯室、多功能报告室，定期举办欣赏名片或教科片的放映活动，影片类型按放映者的喜好或读者的意见来安排，读者自愿参加。我国《著作权法》没有明确规定音像制品的放映是否属于"合理使用"或者"法定许可"范围。但从立法精神和相关法律法规来看，图书馆音像制品的放映行为的法律性质可以从两个方面进行判断：一是放映目的，即放映目的是商业性还是公益性。图书馆放映音像制品营利与否，对于判断其法律属性具有重要的法律意义。例如，根据《著作权法》第二十二条第一款关于"合理使用"的规定，即"为个人学习、研究或者欣赏，使用他人已经发表的作品"，当中的"使用"并没有具体明确哪种使用方式。我国《著作权法》规定了图书馆的"合理使用"原则，明确图书馆可以不经著作权人许可，不向著作权人支付报酬而使用其作品，同时又要求图书馆不得"直接或间接获取经济利益"。放映是一种使用方式，因此，图书馆小范围内放映音像制品供读者个人使用属于"合理使用"。但图书馆音像放映一定不能收费，而且只限于"已发表作品"。此外，《关于加强录像资料带管理的通知》（文化部1995年发布）第三条规定："音像资料馆收集的资料带只能作为业务研究使用供有关部门或单位在馆内观摩，不得公开售票，不得作任何形式的广告。"这进一步说明图书馆的音像放映必须是公益性的，不能售票，不能收费，而且只限于馆舍范围内。二是音像制品的来源，即音像制品的来源是从合法主体购买的正版还是通过其他方式进行采购的[②]。音像制品来源合法是图书馆音像播放的前提。我国《著作权法》对于购买盗版产品的最终用户作了区别对待，如果盗版产品的制造、销售者与最终用户不属于共谋串通的情形，则一般不追究其赔偿责任。随着打击盗版活动在世

---

① 都东浩.高校图书馆随书光盘开发利用中的著作权风险与规避对策[J].四川图书馆学报,2015 (4):85-88.

② 吴志强,冉从敬.图书馆声像资料服务的知识产权研究[J].图书馆杂志,2007(2):24-27.

界范围内的开展，近年来不少国家加大了打击盗版的力度。例如，日本新《著作权法》规定，对明知违法却下载音乐或视频的行为处以2年以下有期徒刑或200万日元（约合人民币16万元）以下的罚金①。我国高校图书馆播放盗版影碟也面临一定的知识产权风险，因为图书馆的特殊性在于它是一个服务于全校师生员工甚至社会公众的实体组织，其播放的影碟不是仅供个人欣赏，而是提供给众多的读者观看，盗版使用的结果将会给著作权人和音像制作者的利益造成很大的损失，这违背了合理使用原则与公平公正原则。因此，高校图书馆公益性放映有合法来源的研究、教学参考、电影资料片类型的音像制品属于合理使用，这种合理使用的权利可以扩展到学校范围内。

3.音像出租

音像制品出租是指通过向读者提供音像出租服务，适当收取费用，作为一种直接创收方式。例如，较为常见的是图书馆随书光盘出租服务，既满足了读者需求，又可通过服务收费适当弥补图书经费不足，用创收资金扩充馆藏，维护和更新设备。1991年颁布的《著作权法实施条例》第五条将"发行"定义为满足公众的合理需求，通过出售、出租等方式向公众提供一定数量的作品复制件，因此，出租权并不独立存在，而是包含于发行权之中。根据权利穷竭原则，实际上图书馆音像制品的出租服务并没有受到限制。但作品出租权保护日益强化，如《伯尔尼公约》《与贸易有关的知识产权协议》都对出租权的保护进行了规定，我国2001年新修订的《著作权法》第十条第一款第（七）项，规定"出租权，即有偿许可他人临时使用电影作品和以类似摄制电影的方法创作的作品、计算机软件的权利，计算机软件不是出租的主要标的的除外"，同年实施的《计算机软件保护条例》第八条第六款也规定了软件权利人享有出租权。对于出租权保护的客体范围各国相关法律有不同规定，例如法国《版权法》将录音制品、录像制品和计算机软件作为出租权客体，英国《版权、设计及专利方案》则将全部作品类型纳入出租权客体范围。根据我国《著作权法》第十条、第四十一条与《计算机软件保护条例》第八条的规定可知，出租权客体范围包括：①电影作品；②录音录像制品；③以类似摄制电影的方法创作的

---

① 日本通过新《著作权法》 下载盗版音乐将被判刑［EB/OL］. http://www.sipo.gov.cn/zfwq/wqyzgndt/1073855.htm.

作品（主要指电视、录像、多媒体等作品）；④计算机软件。著作权人对音像制品中含有著作权原作的音像制品享有著作权，音像制品如果不含有著作权的原作，则第一录制者对该音像制品享有邻接权。这说明其他人出租、复制以及转让音像制品必须得到邻接权人的许可，以上权利由特定组织代表音像制作者或著作权人行使。可见立法者的意思是通过设立出租权最大限度地保护著作权人或邻接权人的经济利益，减轻著作权限制的负面影响。对于图书馆来说，如果提供音像出租服务时收取租金，即便以方便读者为由且不高于市场价格，也是不合法的，到目前为止，这种服务既不属于"合理使用"的范畴，也没有其他法律的例外规定。因此，图书馆提供音像出租服务将会招致侵权的风险，即便出租的对象是通过合法渠道取得的正版音像制品。需要特别指出的是，计算机软件出租权适用"无过错责任"原则（参见《计算机软件保护条例》第二十八条），其余三类作品出租权适用过错原则。

4.音像编辑

图书馆可以利用视频编辑软件将音像制品编辑后进行播放或者提供给读者使用，但一般来说，只有获得著作权人的许可才能对音像制品进行编辑。《著作权法》第二十二条规定："为学校课堂教学或者科学研究，翻译或少量复制已经发表的作品，供教学或者科研人员使用，但不得出版发行。"图书馆在一定范围内享有音像编辑的权利，但其使用目的只是"为学校课堂教学或者科学研究，且不得出版发行"，其使用对象只是"教学或者科研人员"，超出规定用途或者范围，图书馆必须获得相应的授权。根据《著作权法》第十条的规定，著作权人对作品享有翻译权、修改权和保护作品完整权。音像制品作为著作权的保护客体，其翻译权、修改权和保护作品完整权属于作者。如果是基于科学研究、教学参考等目的，并且在图书馆内播放音像制品，在不影响音像制品质量和歪曲音像制品意蕴的情况下进行翻译、删减应该是属于"合理使用"的，否则，会侵犯电影著作权人的修改权和保护作品完整权[①]。另外，根据《著作权法》第十二条的规定，图书馆对音像制品进行改编、翻译而产生的创新作品

---

① 吴志强,冉从敬.图书馆声像资料服务的知识产权研究[J].图书馆杂志,2007(2):24-27.

享有著作权，但是图书馆行使著作权时不得侵犯原作品的著作权①。因此，图书馆需要注重对自己合法编辑后作品的著作权加以保护。

六、高校图书馆慕课版权服务中的法律风险及规避

慕课（MOOC）是大规模的在线开放课程，因其突破了地理区域的限制，促进了教学内容、方法、模式和教学管理体制机制的变革，给高等教育教学的改革发展带来了新的机遇和挑战，拓展了高校教育教学改革的空间，被认为是"500年来高等教育领域最深刻的变革"。随着慕课的广泛应用，慕课版权保护问题凸显出来。版权是图书馆慕课版权服务必然遇到的法律羁绊，立法上应当对此予以关注并提出相应的解决方法，以促进图书馆慕课版权服务的顺利开展。

（一）慕课版权的特点

1.版权范围的广泛性

传统的课堂教学主要针对本校师生开展，服务目的也主要是为了教学与科研的需要，学习资料的利用属于"合理使用"范畴。而慕课具有开放性和公开性，凡是有网络的地方都可以参加慕课学习。在这种情况下，高校图书馆如果利用本馆馆藏参与慕课课程，慕课课程中的这些学习资料很可能会超出"合理使用"范围。因此，为了保证慕课的使用不受版权的制约，有必要厘清慕课课程涉及的学习资料的版权情况，从这个意义上说，慕课向学生提供的与其说是教育资源，不如说是版权资源。慕课同传统的课堂教学与远程教育相比具有不可比拟的广延性，不仅学生数量庞大，而且学生地域分布广泛，这也使慕课成为一种真正意义上的"巨型课程""国际课程"。比如，世界三大慕课平台之一的 Coursera，使用学生已超过700万，其中60％来自美国，其余40％的学生遍

---

①《著作权法》第十二条规定："改编、翻译、注释、整理已有作品而产生的作品,其著作权由改编、翻译、注释、整理人享有,但行使著作权时不得侵犯原作品的著作权。"

及中国、印度、英国等国家①。慕课提供版权资源的广延性特征必然对版权制度中的地域规则产生影响，而更为复杂的问题在于慕课的许多学生并非现行版权意义上的"注册学生"或者图书馆的"注册读者"，因此，版权资源传播使用对象本身的合法性就会受到版权人的质疑。

2.版权来源的碎片化

传统大学课堂所涉及的资料来源相对单一，主要来自教科书、图书馆馆藏、教师个人成果等。为了保证课程内容的丰富性，吸引更多的学习者，大部分慕课提供的学习资料广泛来自图书馆、出版社、数据库和互联网中的各类资源，而并非局限于某一特定教材，这使得慕课所涉及的版权来源愈发碎片化。因此，慕课制作者必须清楚慕课所涉及的每一个资料的版权来源，才能有效地处理版权问题。如果慕课使用的资源来自传统的纸质图书、期刊、报纸等，那么容易判断其作者、出版机构、出版时间等版权状态，但是，假如慕课利用的资源是图片、视频、音频等，那么对其版权状态的鉴别可能相当复杂。我国版权登记属于自愿性质，文献资源的版权状态系属公有还是专有，并非不辨自明，尤其是以电子形式公开传播时，碎片化的资源较之于纸质媒体，其版权信息往往更为简略，甚至完全缺失，在此种情形下，待用文献资源的版权状态的鉴别可能更加复杂，也更容易招致侵权的风险。

3.版权归属的复杂性

慕课涉及的版权利益相关人有教师及其团队、高校以及慕课平台运营者（如图4-3所示）。

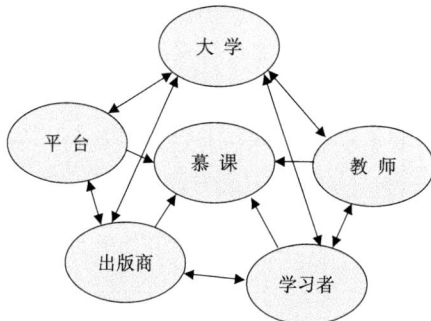

图4-3　慕课版权利益相关人关系图

---

① 彭冀晔.大学图书馆MOOC版权清理问题探析[J].图书馆建设,2015(4):30-33,45.

从《著作权法》第十一条的规定来看，作品的创作者享有版权，慕课课程的版权归属于制作该课程的教师及其团队，因为慕课课程需要优良的制作团队分别负责课程前期的选题策划、PPT课件制作、摄像场景的选择与布置、图像效果的后期处理等工作，仅凭教师一人的力量是难以完成这些工作的。同时，从《著作权法》第十六条的规定来看，"公民为完成法人或者其他组织工作任务所创作的作品是职务作品"，教师与学校和慕课平台运营者存在着雇佣关系，那么慕课就属于职务作品，但其版权应该归属于学校还是慕课平台运营者？这是一个存在争议的问题。即便该慕课课程属于职务作品，但根据《著作权法》第十六条第二款的规定，慕课课程主要制作者即教师及其团队仅拥有该作品的署名权，法人或其他组织享有著作权的其他诸如修改权、复制权、改编权等权利。慕课平台也对课程投入了资源，是否能够获得版权或参与版权利益分配，也是需要法律加以明确的。另外，欧盟委员发布的一项调查数据表明，在全欧洲属于"孤儿作品"的图书至少达300万种，占全部版权图书的13%。而在英国国家图书馆的1.5亿份馆藏中，有40%属于"孤儿作品"[①]。慕课中使用的"孤儿作品"，其作者是谁、版权继承者是谁、是否还在版权保护期内等问题往往悬而不决，更是对正确的版权归属设置了似乎难以跨越的障碍。即便某一慕课课程使用的"孤儿作品"数量不大，但是鉴别版权、归属版权也非易事。因此，如何确定版权的归属，既牵涉版权各个主体之间的利益分配，又关系到慕课是否能够持续、健康、稳定地发展[②]。

（二）高校图书馆开展慕课服务面临的法律风险

1.直接侵权的风险

直接侵权，是指行为人未经权利人许可，实施了由权利人享有的专属权利，但是又缺乏法定豁免的抗辩事由。例如，如果图书馆未经权利人许可而对尚处在保护期内的光盘、录音录像作品等进行刻录、翻拍，并向不特定用户提供服务，就属于直接侵权行为。在司法实践中，对于直接侵权的认定主要存在"用户感知标准"和"服务器标准"。"用户感知标准"过于偏袒权利人的利益，

① 陈湛绮.版权清理：基于MOOC的图书馆版权管理新功能[J].图书馆学刊,2015(7):18-20.
② 张立彬.慕课环境中图书馆版权服务的内容与思考[J].图书馆工作与研究,2016(3):32-35.

而"服务器标准"具有客观性，目前国内外都倾向于将"服务器标准"作为行为人是否构成直接侵权行为的判定依据。所谓"服务器标准"，是指只要服务器中的信息不是由网络服务提供者自己存储的，就不构成直接侵权。换言之，如果图书馆将作品上传到服务器，使其处于"公众能够获取的状态"，就构成信息网络传播行为，这是"服务器标准"的本质。但是，随着技术的发展，"服务器标准"也日益暴露出局限性，因为有些作品通过文件分享技术而不需要经过服务器中转也可以置于网络空间。因此，最高人民法院颁布的《关于审理侵害信息网络传播权民事纠纷案件适用法律若干问题的规定》用"作品提供行为"代替"服务器标准"。根据该规定，图书馆未经授权把作品上传到网络服务器，或者通过文件分享软件等技术传播作品，也构成直接侵权。比如，图书馆未经授权把录制的专家讲座通过P2P软件设置于某共享目录，以便用户搜索、浏览和下载，就属于直接侵权。我国《著作权法》中虽然没有直接侵权的概念，但是《侵权责任法》第三十六条第一款对网络用户和网络服务提供者直接侵权责任做了原则性规定。

图书馆慕课版权服务的直接侵权风险主要源于自身成为版权作品共同参与人，代表图书馆加入慕课教学团队，为慕课提供教学资源、教学信息、参考咨询以及版权清理、版权授权等版权服务。这种风险具体体现为以下几个方面：其一，合理使用规则受阻致使图书馆使用版权的行为受缚。按照我国《著作权法》第二十二条第一款第（六）项的规定，以教育为目的对作品的"合理使用"仅限于传统的"课堂教学"，《信息网络传播权保护条例》第六条也做了类似规定。但是慕课具有开放性、公开性，用户可以随时访问和利用作品，而非仅仅局限于"课堂时间"。同时，慕课是在"虚拟课堂"里进行，几乎将"物理空间"范围拓展到世界各个角落，并非仅被控制于教室之内。可见，图书馆对于版权材料来源作品的提供突破了时空的限制，使其"合理使用"作品的诉求没有法律上的支撑，存在被控侵权的风险。其二，如果图书馆对已经参与完成的慕课作品进行主动审查、修改、编辑，上传到服务器中提供云服务，则构成信息网络传播，发生纠纷后有可能被认定为直接侵权。其三，图书馆直接制作慕课，作为权利人，不可避免地使用他人的文字、图像、音频、视频等作品，而这种行为在传统服务中属于"合理使用"是因为使用对象和使用数量能够有效限定，不至于给真正权利人带来较大损失，但是在开放接口的环境下难以保证对复制数量的控制，传统的限定将被打破，因此，对于"合理使用"条款的理解不能完全局限于过去的经验，解释的不确定性也给慕课的发展带来风险[1]。

2.间接侵权的风险

间接侵权，是指对直接侵权提供了帮助，或者造成直接侵权行为的持续，扩大了侵权后果而具有的可责备的行为。间接侵权类似于我国最高人民法院《关于贯彻执行〈民法通则〉若干问题的意见》中所规定的"共同侵权"。《著作权法》意义上的间接侵权的主要特征是他人存在直接侵权行为，即以直接侵权的存在为间接侵权成立的前提；侵权人存在过错，即侵权行为人主观上必须存在过错（故意或过失）。2010年7月，《侵权责任法》第三十六条第二款、第三款又对此问题做了原则性规定。2012年12月，最高人民法院颁布的《关于审理侵害信息网络传播权民事纠纷案件适用法律若干问题的规定》的第七条把间接侵权细分成"帮助侵权"与"教唆侵权"两种类型。帮助侵权，是指行为人知道他人意欲实施侵权行为，却仍然为其提供技术支持，或者不采取有效措施加以制止而放任侵权活动存续的行为。教唆侵权，是指行为人唆使、诱导、鼓励其他人实施侵权的行为[2]。例如，图书馆为慕课课程资料的上传、下载、复制提供相应服务，或者因慕课课程所需资料版权级别较高而无法使用，高校图书馆帮助寻找版权级别较低的替代素材。如果由他人享有知识产权的慕课被诉侵权，则图书馆也可能因上述帮助行为承担间接侵权责任。另外，虽然慕课课程从本质上说是免费提供的，但是诸如签名认证、专项咨询、授予学历证书等增值服务项目也可以采取有偿服务的形式。根据《关于审理侵害信息网络传播权民事纠纷案件适用法律若干问题的规定》第十一条的规定，如果网络服务提供者从作品中获得直接经济利益，则法院应认定其具有较高的注意义务，因为直接经济利益是一种获利行为，使网络服务者责任承担突破了以过错为主观要件的归责机制，具有较高的可归责性。如果图书馆在慕课服务过程中获取了

---

① 陈瑶.公共图书馆参与MOOC版权法律风险及其应对[J].图书馆工作与研究,2015(9):49-52.

② 秦珂.间接侵权理论视域下云计算环境中图书馆的著作权法律风险规避[J].情报科学,2015(7):16-20.

利益，可能会引发法律风险①。

（三）高校图书馆开展慕课版权服务法律风险的规避措施

1.适当扩大"合理使用"范围

"合理使用"又称"图书馆豁免"，是目前各国图书馆知识产权保护的通行制度。"合理使用"是指在特定的条件下，法律允许他人基于正当目的而自由使用著作权作品而不必征得著作权人的同意，也不必向其支付报酬的情形。自从1852年"美国公立图书馆原则"率先提出图书馆免费服务理论以来，"合理使用"就成为图书馆使用版权作品的最重要方式。然而，版权保护范围在数字环境下日趋扩张，图书馆被置身于"遍地都是知识产权地雷阵，周遭都设知识产权高压线，迈步就踩雷，举手准触电"的被动局面。我国著作权合理使用规则对慕课发展带来了诸多挑战，影响到图书馆慕课版权服务的开展。慕课课程可以说是一种稀缺资源，受众范围广泛，需求量大，如果慕课因版权问题受到羁绊，不利于资源的有效利用，社会公众获得受教育的机会就会受到影响。正如波斯纳所言："正义的第二种含义就是效率。只要我们稍加反思，我们就会毫不惊奇地发现：在一个资源稀缺的世界里，浪费是一种不道德的行为。"②因此，满足学习对象对慕课教学资源的基本需求，就是对"效益优先、兼顾公平"基本理念的坚持，对于扩大社会公众获得受教育的机会、缩小教育差距等具有积极的推动作用。因此，有必要对"合理使用"制度进行重构，为图书馆合理开展慕课版权服务提供更可靠的立法和制度保障。例如，我国《著作权法》第二十二条所列出的图书馆"合理使用"的目的仅为"陈列或者保存版本的需要"，这并不能成为图书馆收录慕课资源供学习者使用的重要依据，建议在版权强制许可制度中，增加诸如图书馆可以未经版权人的同意，收录慕课资源供学习者有偿使用，并向版权人支付合理报酬的规定。再如，目前《著作权法》对课堂的理解局限于传统的教学课堂，无法适应数字化、网络化背景下的"虚拟课堂"。为了使教师可以将授课内容上传至网络空间，学生可以全天候在

---

① 何承斌.高校图书馆开展MOOC版权清理服务的困境与出路[J].大学图书情报学刊,2017(5):12-16,37.

② 波斯纳.法律的经济分析[M].2版.蒋兆康,译.北京:法律出版社,2012:28.

任意地点通过网络下载或学习课程,《著作权法》应当将课堂教学的范畴扩展至"虚拟课堂"①。

2.制定版权政策标准指南

慕课课程往往涉及文本、图片、视频、音频等众多素材,如果教师对每一个素材都进行检查,工作量十分庞大,也不具备可操作性。而制定版权政策标准指南可以让教师在使用素材之前了解其是否涉及侵权以及侵权的严重后果。因此,图书馆制定版权政策标准指南可以在一定程度上起到预防慕课版权风险的作用。我国图书馆在制定版权政策标准指南时应注意包括以下几方面的内容:第一,以条文方式明确哪些信息资源使用属于"合理使用"或"法定许可"的范围,并就经常会遇到的版权问题给出相应的解决方案。例如,美国宾夕法尼亚大学图书馆在网站中罗列出了教师在制作慕课课程中常见的版权问题,并给出了相应的指导方案,具有很好的指导意义,深受教师广泛好评。第二,将"复制权""信息网络传播权""技术规避"等较为常见且相对复杂的内容从我国现行《著作权法》中摘录出来,附上说明,重点告知侵权行为的方式及应当承担的法律责任。第三,版权政策标准指南是静态的文本,灵活性较差,图书馆应提供必要的人工版权咨询服务,一方面做好版权法律法规及政策的解释、咨询工作;另一方面,一旦侵权行为发生,图书馆要及时给予帮助,并追踪和反馈侵权处理情况。

3.获取版权授权

当慕课所引用的信息资料超出"合理使用"范围时,高校图书馆可以利用与出版商、数据库商、数据服务提供商长期友好的合作关系,通过协商或谈判的方式争取以较少的费用开放其全部或部分的信息资源,协助慕课制作者取得相关的版权授权。根据所需信息资料的数量多少和集中程度,高校图书馆可分别采用以下几种授权模式:第一,单独授权模式。仅针对个别文献,需要版权授权时可以直接与版权人进行协商取得授权。第二,集体管理授权模式。当所需文献版权集中于某个出版单位或版权管理单位时,可以与该机构进行版权谈判,取得大批文献的版权授权。图书馆通过版权集体管理组织获得授权,降低了版权授权使用的成本,提高了版权授权的效率。例如,卫斯理大学图书馆与

---

① 崔汪卫.MOOC版权合理使用与图书馆应对策略研究[J].图书馆学研究,2018(7):97-101.

麦格劳·希尔出版集团进行谈判，最终麦格劳·希尔出版集团同意将其拥有的部分心理学教科书著作向卫斯理大学社会研究学院的慕课《社会心理学》开放。第三，"百货商店"授权模式。该模式主要针对利用者利用同一版权作品下多种类型的作品，或者要使用同一作品的不同权利而制定，指通过一家或少数几家版权集体管理组织购买一种作品的版权从而获得该作品所有其他形态（如动画、电影、声音）的版权。例如，英国开放大学在其公开课《10分钟英语史》中，将所有知识点以漫画形式展示。"百货商店"授权模式，避免了因再创造而造成的版权纠纷①。"百货商店"授权模式是传统集体管理制度的发展与创新，无论是版权授权的经济成本还是时间成本都明显下降，而且法律风险小。但是我国现行著作权集体管理组织都是以作品类型为基础，构建综合性集体管理组织仍然处于理论层面，传统的版权集体管理模式在相当长的时间内不会改变②。另外，如果授权不成功，则与其他版权状态不明内容相同，图书馆应尽力协助寻找其他已获授权的或免费的替代资源，如既有公有领域的资源、创作共享资源等，若替代资源不可行，图书馆可建议慕课课程团队采用软链接的方式指引至著作权作品，而不必在课程中完全嵌入著作权作品以减少法律风险。

4.加强与慕课平台的合作

图书馆开展版权服务耗费的时间成本、经济成本、人力成本都较大，由于慕课课程发布之前通常需要选定合适的平台，而慕课平台作为网络服务提供商同样需要应对慕课的版权风险，这就为图书馆与慕课平台之间的合作提供了现实基础。图书馆与慕课平台的合作可以从以下两个方面展开：一是慕课平台实行认证注册制度，只有经过慕课平台认证注册的人员才能成为慕课的授课对象，未经认证注册的人员不能进入图书馆学习慕课课程。二是慕课平台凭借自身的技术优势作为图书馆版权服务人力纠错机制的补充，可对版权内容进行进一步的技术过滤、筛选，控制学习者在学习时间以外非法复制传播。随着网络内容识别和过滤技术的不断发展成熟，慕课平台作为慕课制作者与使用者之间的技术连接平台，完全可以实现主动屏蔽，甚至移除侵权作品的技术效果。当

---

① 彭冀晔.大学图书馆MOOC版权清理问题探析[J].图书馆建设,2015(4):30-33,45.

② 秦珂.网络环境中影响馆藏绩效的授权模式评介[J].情报资料工作,2015(3):49-52.

前实际运用中成效显著的就是慕课平台利用语言分析、图像处理等技术对内容进行深度分析，自动识别出需要过滤的内容特征并建立索引，然后与目标文件加以比照分析，根据目标文件是否含有上述版权内容特征决定是否干预[1]。

5.提供版权知识教育与指导

版权保护因涉及法学、图书情报学、计算机科学等多学科知识，具有较强的专业性，国内许多教师对版权相关法律法规、制度政策知之甚少，往往侵权而不知，因此，开展版权知识教育与指导尤为必要。高校图书馆可以通过专题讲座、发放宣传手册、设立专门网页、录制版权相关视频等方式对师生进行版权法律知识及相关制度教育培训，使他们养成良好的版权保护意识与习惯，从源头减少侵权的风险。另外，高校图书馆可嵌入慕课制作、使用的各个环节，对教师利用版权的具体行为开展即时指导，如对慕课所需文献资料"合理使用"规则的适用性、版权授权的可选择路径、版权替代资源的状况以及版权协议的合理性等方面给予具体的指导意见和建议，帮助教师在复杂且不确定的慕课环境中做出准确判断，减少不必要的法律纠纷，防范潜在的法律风险。

七、高校图书馆微博服务中的相关法律问题

（一）微博的概念及特点

"微博"的概念最早由埃文·威廉姆斯提出来，是一个基于用户关系利用有线和无线互联网终端为技术支撑进行信息分享、传播及获取的信息交互平台。它是由博客发展而来的，但比博客短小、便捷，故称微型博客，简称微博。微博在发展的过程中具有其自身的特征：第一，微博内容的简短性。微博的内容篇幅短小精悍，用户只能在140个字范围内发表自己的感想，记录自己的生活，这是微博形式碎片化特征的体现，也是微博同博客、论坛的显著区别。第二，微博的分享性。分享是微博的主要功能之一，也是微博的生命，微博独特的传播途径就是博友的互相转发，即转载。而微博正是通过转发来实现

---

[1] 崔国斌.论网络服务商版权内容过滤义务[J].中国法学（文摘），2017（2）：215-237.

其高效能的传播性和其价值的分享性。第三，微博的即时性和快捷性。微博"即时发布、即时报道"功能强大，用户可以通过电脑、手机等通信工具随时随地地发布、更新自己微博中的内容。微博内容一经发表，就会向四周呈放射状"发射"，速度之快是普通通信工具无法比拟的。微博的这种特性为确定微博作品的作者和侵权行为人主体身份带来困难。

（二）微博在图书馆服务中的应用

2010年，微博在中国出现，并以燎原之势迅猛发展，使其被社会各界当作传播平台加以应用，取得了显著的应用效果。我国众多图书馆也借助微博这个平台做好服务，扩大自身的影响力。目前，上海图书馆、广州图书馆、武汉大学图书馆、厦门大学图书馆等600多家图书馆均开通了新浪微博，通过微博平台开展包括新闻活动报道、信息推送服务、讲座通知、参考咨询服务、图书推荐等活动，并利用这个人气高涨、操作便捷的平台向社会、用户推广图书馆的工作和服务，促进图书馆服务工作取得更大发展。高校图书馆微博服务的主要内容如下：

1.新闻活动报道

微博出现前，高校图书馆多是通过图书馆主页或馆内宣传栏发布消息、新闻及活动报道等，这既容易造成读者因没留意图书馆主页而遗漏信息，又要花费张贴通知的时间。而通过微博发布这些信息，读者只要关注图书馆微博并登录其主页便能获知，读者不仅获取、浏览信息不受时空限制，还可以针对感兴趣的话题发表评论或者就有疑问的话题进行咨询。目前国内许多图书馆以微博为宣传平台，实时发布馆内校内通知公告、馆情馆讯、培训讲座、图书馆法规政策等信息。微博辐射范围广泛，能够实现"点对面"的传播效果，从而使读者及时、方便地了解图书馆最新动态。图书馆可以利用微博即时、分享的特点，提醒读者归还到期图书或图书续借，发布每日到馆新书书目、节假日开馆时间以及一些温馨提示，如夏季来临注意防晒防暑、冬季来临注意保暖防滑等，简短的提醒使图书馆充满温情，拉近了与读者的距离。

2.信息推送服务

图书馆对海量信息进行遴选、重组，建成相对稳定的实时、动态的信息库，并通过微博实现内容聚合和推送功能，如各种文献资源的推送、新书推介、电子资源推介、书评书感推荐等；通过微博对馆藏古籍、地方特色、学科特色等特色资源进行重点推送，以及开展各种文献资源借阅、利用规则的解答，预约、续借图书的方法介绍，读者借阅信息的查询，试用数据库技巧及方法的介绍，网络数据资源搜索引擎的使用和挖掘等服务。

3.参考咨询服务

对于图书馆来说，微博几乎是一个"零"成本的服务平台，有助于聚集各类图书馆服务对象，同时微博具有良好的互动性和使用的便捷性，能胜任参考咨询服务工作。图书馆可以通过微博开展交互式参考咨询服务，一方面，读者可以通过微博的"@"功能，点对点地向馆员咨询任何与图书馆相关的问题，及时、准确地获取所需信息；另一方面，馆员也可以利用微博私信功能与读者进行多方面的交流，以获知读者需求，使馆藏资源和图书馆服务更易被发现、被利用，促使图书馆优化服务方式，提高服务质量，扩大服务影响。

（三）微博著作权的认定

《著作权法》意义上的作品是作者独创完成的文学、艺术或科学领域作品，无论是通过传统媒体还是通过互联网进行发表，《著作权法》都对其加以保护。

1.合法性

《著作权法》第四条规定，著作权人行使著作权，不得违反宪法和法律，不得损害公共利益。只要微博内容体现博主的独立思考、智力创造，展现出博主特有的风格和鲜明的个性，且作品内容不违反宪法、法律等相关规定，没有宣传色情、暴力、迷信、诽谤他人、制造谣言等言论，不损害公共利益，不属于《著作权法》的禁止内容，微博内容就应当纳入知识产权的保护范围。

2.可复制性

作品是作者思想及情感的延伸，是作者内心感悟的外在表达。但思想并不能成为《著作权法》意义上受保护的主体，即"作品中的思想可以自由地进行复制而不会侵犯著作权人的权利"，而对表达方式的复制则可能会侵犯著作权人的权利。我国《著作权法》之所以不保护"思想"本身，其理由是《著作权法》的立法目的在于促进智力成果的传播与繁荣，如果对微博博文的思想也加以保护，因其具有很强的主观性势必会造成不合理的垄断，这背离了《著作权法》的立法目的。因此，微博作品必须能以一定的形式固定下来，才能利于人们存储、转发、下载、传播，毫无疑问微博具有可复制性。正是由于具有可复制性，微博才能便于人们共享、利用，才能体现出赋予微博著作权的价值所在①。

3.独创性

独创性是作品的本质属性和获得著作权保护的核心要件，它决定了《著作权法》保护的范围，界定了著作权与公共领域的界限。很多人质疑微博作品的属性，大都是因为其字数的限制。但是字数限制并不影响作者经过一系列的选择与取舍进行创作，现实生活中的对联和一些诗词等也是140个字以内的作品。对微博内容进行140个字以内限制的要求并非微博博文成为作品的障碍。140个字内容的形成过程，离不开作者的构思、组织与筛选，并不会限制作者完整思想的表达。在现实生活中除了微博这一特殊形式的作品外，不超过140个字的作品大量存在，例如，一句由8个汉字组成的广告词"横跨冬夏、直抵春秋"就被认为构成作品，因此，字数限制并不能成为作品判断的限制因素。

微博独创性标准应如何认定呢？总体来说，大陆法系国家对独创性的认定标准要高于英美法系。英美法系最初从实用主义出发，大多奉行"额头流汗"规则，即劳动成果中包含了作者"独立的艰苦劳动"，即使没有体现出任何智力创造成分，也可以满足《版权法》对"独创性"的要求。但自1991年美国"费斯特出版公司诉乡村电话公司案"确定《版权法》保护的作品必须具有最低限度的创造性后，该原则得到很大程度的改变，目前坚守"额头流汗"规则的国家已经很少了。大陆法系国家则不仅要求"独立创作"，还要求具有一定高度的智力创造水准。德国1965年发布的《著作权法》第二条规定："本法所称的著作只指个人的智力创作。"德国《著作权法》中作品的独创性包括如下特征：其一，必须有产生作品的创造性活动；其二，作品应该有智力内涵；其三，作品应该具有个性；其四，作品应该具有一定的创作高度。由此可以看出，德国《著作权法》对于作品独创性的认定不仅要求作品的内容包含作者的

① 路琴.论微博著作权的保护[J].湖南工业大学学报(社会科学版),2014(5):96-99.

个性和创造性，还要求作品有智力内涵，并且能够达到一定的高度。这种判断标准超过了一般人的平均创造活动，因此将一般的智力成果排除在外①。从整体上看，我国法律制度比较接近大陆法系，而我国《著作权法》对英美法系《版权法》和大陆法系《著作权法》均有所借鉴。在司法实践中我国作品独创性标准的认定往往高于英美法系国家，但低于大陆法系国家。因此，微博博文要想构成作品，首先，该博文要满足"独"的要求，即它是博主独立创作的，并非抄袭、剽窃他人的智力成果，这是微博能够构成作品的前提条件；其次，它不能仅仅陈述事实，还需要有艺术加工，达到"创"的高度。从我国的司法实践来看，我国法官倾向于从创作高度方面来理解独创性，也就是说作品由作者独立完成，作品材料的选择、语言的组织、架构的设计等方面体现出作者的智力思考与精心安排，内含属于作者自身特有的东西。具体到微博，对于其独创性的判断需要分为以下几种情况进行区别对待。第一，文字微博。目前大部分微博都是限制在140个字以内的文字微博，用户通过简单凝练的语言快速地与受众分享自己的所见、所想、所闻。事实上，这些微博大部分都不能构成《著作权法》意义上的作品，其原因并不在于微博文字的多少，主要是因为这些日常的表达所蕴含的经济价值和社会价值较低，甚至几乎没有，不具备《著作权法》意义上的独创性。例如，一些图书馆通知，"明天召开图学馆电子资源培训会，希望有兴趣的同学按时参加"；再如，"自4月8日起，学校实行夏季作息时间"。诚如本特利教授所言，具有重要意义的并不是一个作品中所体现的劳动或者创造，而是该作品所做出的贡献，法律不再评价在某一特定对象中所体现的劳动，而是开始集中于该对象的宏观经济价值②。但是，那些经过用户精心构思、字斟句酌创作的微散文、微小说等成为《著作权法》的保护对象应该是不容置疑的。第二，图片微博。很多用户在发微博时都习惯性地在文字后面附上一张美丽的图片。如新浪微博中，包含图片的微博占67.5%③，图片微博容易产生著作权纠纷。这些图片除了用户从网络上下载的摄影作品，更多的则来自用户自拍的生活图片。对于用户自拍的这些图片，关键看其是否属

①　马素姣.浅析微博独创性的认定[J].长江大学学报(社会科学版),2015(2):45-49.

②　张惠彬.微博转发的著作权法边界[J].图书馆学研究,2013(21):10-12,58.

③　微博140字具有著作权　大 V 侵权获利缺证据 [EB/OL]. http://m.xinzhou.org/index.php?a=show&cat-id=15&id=20618.

于《著作权法》意义上的"摄影作品"。我国《著作权法实施条例》第四条第一款第（十）项规定："摄影作品，是指借助器械在感光材料或其他介质上记录客观物体形象的艺术作品。"从法条的内涵来看，摄影作品应当是包含有智力因素的"艺术"作品，此处的"艺术"与独创性的要求是相互重合的。摄影作品版权保护理论认为，摄影作品独创性通常是根据拍摄者拍摄时所选择的对象、姿势、光线和阴影、滤镜使用方式等进行判断的。但是，在我国司法实践中，法院对艺术性的要求其实并不是很严格。如法院认定，展现产品货架原始外形的图片和医生从手术录像中截取的关键画面，都达到了《著作权法》要求的最低限度，均是受到《著作权法》保护的摄影作品。据此，微博用户在逢年过节、旅游观光、朋友聚会等时候拍摄的普通生活照片，只要其体现了拍摄者对场景、角度、焦距、光圈以及拍摄习惯等个性设定，都应当成为《著作权法》意义上的摄影作品。第三，音乐、视频微博。这种类型的微博主要包括两个方面：一是微博用户从音乐视频网站上转链接的合法发行的视听作品，二是微博用户用手机和其他数字设备以类似摄制电影的方法创造的作品。对前者的保护合理合法；对于后者，如前所述的图片微博一样，只要其体现了摄制者对拍摄角度、拍摄画面的个性选择与安排，都应该认定其具有独创性而纳入《著作权法》保护范畴[①]。如果博文是博主本人独立创作完成的，尽管其"简"而"微"，但仍可被认定为作品，受《著作权法》保护。

（四）微博著作权的保护

图书馆微博在发挥其功能的同时还应加强对著作权的保护。首先，虽然《著作权法》主要保护发表权、署名权、修改权和保护作品完整权等著作人身权以及复制权、信息网络传播权、改编权等著作财产权。但是根据《著作权法》第五条的规定，该法不适用于时事新闻。因此，图书馆微博将时事新闻加以缩编、改编以及转载不侵犯知识产权，但是对其他诸如娱乐类、教育类、财经类信息资源加以改编时，要注意原始著作权人对其是否作了限制性说明。另外，为了丰富微博的内容，增加微博的创新性和吸引力，图书馆会对一些漂亮的图片、优美的文字、动感的视频进行转发。虽然这种转发行为可能是微博博主之间默认许可的，但是，网络不是免费的，在微博更新数量惊人的背景下，

---

① 张惠彬.微博转发的著作权法边界[J].图书馆学研究,2013(21):10-12,58.

也可能产生侵权风险。

　　由于微博具有短小精悍的特征，近年来，有些报刊、出版商在没有经过微博权利人许可，且不支付任何报酬的情况下，直接转载他人原创微博的现象时有发生，他们认为微博仅仅只有百来字，引用到相关作品文献中最多起到画龙点睛的作用，并不构成实质部分的内容，因此，可以将这些微博随便"拿来"。但这种拿来主义不仅体现出人们著作权意识淡薄，也对著作权人的合法利益造成侵害，需要承担相应的法律责任和不利后果。2009年内蒙古乌兰察布市出租车司机李某状告于某的案件向世人敲响了警钟。虽然微博以其开放、即时、互动等特性在一定程度上拓展了公民言论自由的空间，但是这种自由并非法外之地，同样受到法律的限制，博客用户在网络上应享有的权利和应履行的义务与现实生活中并无二致①。博客作为私人日志同样受到知识产权法律保护，他人一旦未经许可而扩大博客所载内容的传播范围，可能会构成对信息网络传播权的侵犯。《信息网络传播权保护条例》第五条规定："未经权利人许可，任何组织或者个人不得进行下列行为：（一）故意删除或者改变通过信息网络向公众提供的作品、表演、录音录像制品的权利管理电子信息，但由于技术上的原因无法避免删除或者改变的除外；（二）通过信息网络向公众提供明知或者应知未经权利人许可被删除或者改变权利管理电子信息的作品、表演、录音录像制品。"因此，图书馆在转发他人微博的时候，一定要注明转发，注明原创作者的信息，即在转发过程中尊重他人的著作权，而不能擅自篡改他人作品以及歪曲他人意图进行转发。《信息网络传播权保护条例》第二十三条规定："网络服务提供者为服务对象提供搜索或者链接服务，在接到权利人的通知书后，根据本条例规定断开与侵权的作品、表演、录音录像制品的链接的，不承担赔偿责任；但是，明知或者应知所链接的作品、表演、录音录像制品侵权的，应当承担共同侵权责任。"

　　鉴于此，图书馆在微博服务过程中可采取以下措施，强化微博著作权保护：第一，采取"被动审查制度"，对预先设置好的关键词进行过滤与审查，对其他的发言按照自行制定的发言规则进行审查，图书馆只对接到著作权人通知"删除、屏蔽"等要求之后不及时采取措施的行为承担法律责任。第二，创新"事前警告制度"，图书馆在创建微博时以"用户须知"的方式告知用户不得侵犯他人知识产权，从而达到警示的作用。如果事前对用户不能做到很好的审查，那么图

---

① 郭彩峰.信息资源共享中知识产权若干问题研究[J].新世纪图书馆,2011(4):14-17.

书馆应该在事中、事后加强对微博平台的监管。可以通过实名制方式强化微博网络的安全，让微博的使用者更真实地面对虚拟网络，这样不管是侵权主体还是被侵权主体，在发生微博侵权行为的时候，都可以很快确定。虽然这样做可能会有悖使用者的意愿，但为了维护网络安全以及使用者自身的权利，有必要采取一些强制措施。不过，后台实名注册存在身份及密码信息泄漏的风险，能否保证微博用户注册信息的安全也是值得注意和需要解决的问题。第三，完善证据保全制度。微博作品相较于传统作品，是以电子存储的方式存在，并且是无形载体，维权时收集证据就会很困难。因此，当侵权行为发生时，图书馆应立即利用手机或者照相机拍照、用电脑相关软件及时截图保全证据，并申请公证保全证据。另外，网络服务提供者在网络环境维护中充当着重要的角色，他们较之图书馆更容易收集和保存相关证据，因此，图书馆在发现微博被侵权时，应及时联系微博服务提供商，让其对侵权行为及时采取措施，防止损害进一步扩大，并对侵权事实进行拍照或者截图以保全证据。可见，让网络服务提供者来提供证据也是一个不错的选择。第四，完善相应的法律法规。目前微博作品并没有专门的法律法规进行保护，主要适用的相关法律如《著作权法》《信息网络传播权保护条例》《侵权责任法》等都偏向对传统著作权作品的保护，这导致在司法实践中微博著作权的利益往往难以得到充分救济。为了切实保护微博著作权人的合法权益，我国应该在现有法律资源和司法实践的基础上对微博著作权的立法进行优化。例如，可以以现行《著作权法》为上位法，但是微博作品是网络科技发展的成果，有其独特的性质，尤其体现在侵权行为上（如侵权行为的责任方式、赔偿标准以及证据认定等），因此，在《著作权法》对微博作品保护没有明文规定的地方，还需要制定专门针对微博著作权保护的法律法规[①]。

① 刁舜.微博著作权的法律保护问题研究[J].山西省政法管理干部学院学报,2016(4):43-46.

第五章　高校图书馆社会化服务中的法律问题研究

　　社会化指生物性的个体，经由参与社会团体活动，吸收社会文化与规范，逐渐适应社会生活的过程。图书馆的社会化是指图书馆积极参与社会工作，发挥自身信息资源的优势，不断促进社会发展的过程。高校图书馆社会化服务就是高校图书馆服务功能和外延的扩大化，即高校图书馆根据自身所具备的资源和能力，在保证满足本校教学、科研等正常需求的前提下，通过传统的或是网络的途径，无偿或有偿地向广大社会用户开放馆藏实体文献资源、虚拟数字资源以及提供其他力所能及的信息服务，从而主动满足社会成员信息资源需求的过程。

一、高校图书馆开展社会化服务的依据

（一）理论依据

1.图书馆的职能与性质

　　高校图书馆开展社会化服务的理论依据主要是图书馆的职能和性质。

　　第一，图书馆的职能。图书馆作为保存人类文化遗产的重要机构，不仅是一个国家和民族文明成果的积累，还是一个国家不断走向文明富强的支撑，肩负着满足科学研究和提升社会公众文化素养的双重职能。作为区域文献信息聚集地和信息资源获取中心的高校图书馆不仅要为本校师生教学科研提供文献信

息保障服务，还应当利用自身拥有的优势资源对学校周边区域的社会民众开展信息素养教育，发挥高校图书馆的社会教育职能，以促进社会公众文化素养的提升。国际图联将图书馆职能概括为四个方面，即保存人类文明、传播科学文化知识、社会教育职能和开发智力资源。但是随着网络技术、信息技术的发展，图书馆的职能不断得以拓展，国际图联和联合国教科文组织在《图书馆服务指南》中明确提出，图书馆是个人和社会团体正式和非正式的社会活动的中心，特别是在无法提供聚会场所的社区，可以通过举办各类阅读辅导、讲座培训、书刊漂流等活动，为社区民众提供聚会交流的场所，等等。这对于提升我国社会公众科学文化素养、促进社会主义精神文明建设具有重要的意义。

第二，图书馆的性质。图书馆作为重要的社会文化服务机构，以贮存为媒介，以传递为手段，把知识信息传播给不同的读者。图书馆自身具有的社会性、学术性、服务性等都决定了它必须为公众提供文化服务。社会性作为图书馆的一般属性直接体现为图书馆是社会文化服务体系重要的组成部分。图书馆是社会发展的产物，它所贮藏的文献资源是全人类共同的精神财富，是人类集体智慧的结晶，图书馆通过提供阅读、咨询服务等方式，促成知识信息的传播、交流与利用。图书馆的服务对象——用户具有社会性质，整个图书馆事业和图书馆的工作也是社会活动的一部分，直接介入社会的政治、经济、科学、文化领域，因此，图书馆具有社会属性。图书馆的学术性表现在图书馆是整个科学研究大系统的一个子系统，图书馆本身的工作就是一种学术性活动，要完成对知识信息进行收集、加工、整理并提供利用工作，前提是要掌握相应的专业理论知识与技能，这也体现着图书馆工作特有的理论和方法。而且隐藏在图书馆采编、流通、阅览、咨询背后的大量工作恰恰体现出很强的学术性，诸如文献分类、文献编目、主题标引、回溯建库、科技查新等。另外，图书馆的工作人员本身就是科学研究的从事者，他们为科学研究提供文献信息的保障服务是开展科学研究的基础，属于科学研究的前期劳动，其中诸如慕课版权清理服务、深层次专题资料编制服务等凝聚了馆员创造性的劳动，体现出科学创新性。服务性是图书馆的根本属性，图书馆并不创造文献，自身也不利用文献，它所做的搜集、整理、加工文献等一系列工作，都是图书馆为后续开展读者服务所做的必要准备，其目的是最大限度地发挥文献的作用，以践行图书馆"学五定律"之"每本书有其读者""每个读者有其书"。因此，图书馆在知识生产与知识利用之间所起的桥梁作用就是图书馆在社会知识交流系统中起到服务性作用的最好体现。随着知识经济的发展，人们对信息的需求不断增强，高校图书馆作为知识信息的重要贮存机构，应当发挥自身资源的优势，成为地方信息中心，为社会公众提供信息支持，满足社会公众的信息需求，为社会经济文化的发展提供智力支持[①]。

2.国外高校图书馆社会化服务的开展情况

早在1999年11月，联合国教科文组织通过的《学校图书馆宣言》就明确指出："学校图书馆必须向学校周边的社区成员提供公平、平等的服务，不管他们年龄、性别、种族、宗教信仰、语言、社会地位等的差别，主动向那些不能正常获得图书馆服务和咨询的用户提供特殊服务。"国外高校图书馆，特别是西方发达国家的高校图书馆，一直以来都十分重视自身的社会化职能，而且这些国家高校图书馆的信息服务社会化工作都开展得较为成功，这为我国高校图书馆社会化服务提供了可以借鉴的宝贵经验。

在美国，公立大学的图书馆都向公众开放，不要求出示任何证件。有些私立大学的图书馆虽然不对外开放，但实际操作中并不严格拒绝外人进入。例如，哈佛大学是私立大学，它的图书馆原则上只有本校教师和学生才能进去，但市民进去也不会被拒绝。耶鲁大学图书馆采取对外开放的做法，任何人都可以自由进出图书馆，且无须出示任何证件。俄亥俄州立大学图书馆没有围墙，任何人都可以进入图书馆查阅资料。该馆还在门外设立了还书箱，读者24小时均可还书。美国高校图书馆还非常重视在社区开展延伸性服务，并将开展社区服务视为自身应尽的责任和义务。比如，伊利诺伊技术学院院长提出将服务于周边社区作为图书馆的一项重要工作，宾夕法尼亚大学为了回馈社会将图书馆对外服务纳入学校基本业务范围。美国高校图书馆还积极向社区用户推广在线资源服务、咨询服务等内容。另外，美国高校图书馆从身份、学历以及社会经历等角度对服务对象进行细致划分，根据服务对象的不同提供有针对性的服务，特别是针对弱势群体（如残障人士、儿童等）提供更加周到细致的服务。而对于校友，美国高校图书馆建立专门的服务项目或服务机构，使校友能够享

---

① 岳庆荣.高校图书馆社会化服务的法律基础研究[D].大连:辽宁师范大学,2014:8-10.

受到更高权限和更多内容的服务①。

在英国，公民可以到大学图书馆去阅览，大学图书馆里的用户大约有5%是市民。英国大学总馆、大学专业图书馆以及学院图书馆，都是完全对校外读者开放的。除了外借图书以外，校外读者不必提供任何证件就可以与校内读者享有同等的权利。在德国，高校一般都有中心图书馆和多个专业图书馆。其中，中心图书馆对外开放，读者可随意利用；专业图书馆的外借服务只针对校内用户，校外用户只能阅览馆藏文献。正是有了中心图书馆对校外用户外借文献权利的保障，校外用户才不会因文献借阅问题同校内用户产生冲突。另外，德国共建有7个联借区，实现全国各高校图书馆、地方公共图书馆及所有专业图书馆馆际互借与文献传递服务。在意大利，大学的各学院及各学科的中心图书馆对全社会开放，任何读者凭有效证件都可以进入图书馆查阅文献。这些图书馆一般提供借阅、咨询、复印服务，其中大部分图书馆提供文献传递服务，有的图书馆还提供免费的信息检索服务及使用的培训课程。在澳大利亚，许多高校图书馆重视校友和社区民众，针对校外用户制定了完善的图书馆利用制度体系，所有的校外用户通过缴纳年费方式获取图书馆的使用权限。不同用户与高校之间依据固有关系的紧密程度而享有不同权限。通常情况下，校友的使用权限要高于社区用户。除个人用户外，澳大利亚高校图书馆针对社会团体的专业情报服务也较为普遍，如文献传递、学术报告、专题服务等，也有图书馆利用自身在资源分析、资源跟踪上的优势，向社会提供参考咨询、版权服务、发展策略分析等延伸性服务。在日本，早在1990年向社会开放的高校图书馆就达97%。日本公立大学图书馆目前已全部向社会开放，私立大学图书馆在整个社会风气的影响下也大多向民众开放。私立大学图书馆利用其在儿童教育、医疗等方面的经验与资源优势，向社会儿童提供系列服务，并针对弱势群体积极开展专题讲座、展览馆藏珍品、提供视力障碍阅读器和语音图书等多种服务，充分体现了对弱势群体的关怀。日本高校图书馆给校外读者提供最大限度的方便，只要有证明个人身份的证件，就可以办理借阅证。加拿大、芬兰、荷兰等国家的一些高校图书馆也不同程度地实现了信息服务的社会化。纵观国外高校图书馆信息服务社会化的发展状况可以看到，国外高校图书馆的社会化服务已

---

① 杨文健.高校图书馆社会化服务的现实问题与对策[J].图书馆理论与实践,2015(7):63-66.

形成了一定的规模，达到了较高的水平①。

　　总体上，国外高校图书馆的社会化服务呈现出以下特点：第一，法律制度比较完善，并且在实践过程中不断更新、补充，为高校图书馆社会化服务提供了法律依据。第二，服务内容多元，形式灵活多样，既为社会个人用户提供传统的文献借阅服务，又考虑了社会机构、组织的深层次信息需求，另外，还根据校外用户身份、年龄、能力的不同，有针对性地提供服务。第三，新技术推动新服务，计算机技术、信息技术、移动技术等新技术的融合为图书馆延伸性服务的开展提供了有力支撑，许多高校图书馆借此提供了社区定位、办事指南、虚拟社区等服务，同时通过多方合作共建，协调配合，建立多维服务体系②。

（二）现实依据

1.弥补公共图书馆服务的不足

　　改革开放以后，随着我国经济建设的快速发展，图书馆整体面貌有了很大的改观。但是总体财政投入的不足导致公共图书馆的资源和服务难以满足读者的需求，对于经济欠发达地区，差距更加明显③。截至2011年底，我国平均每3529平方千米的面积、每50万人口才拥有一个公共图书馆；人均馆藏图书仅0.39册，购书经费年人均0.601元；每1200人拥有1平方米的阅览面积④。近几年，高等教育的发展使高校图书馆发生了显著变化，硬件设施有了较大的改善，文献资源日益丰富，馆员队伍素质不断提高，服务功能向纵深拓展。高校图书馆在做好为学校教学科研服务的情况下，可以适度向社会开放，让更多的人有阅读的场所、有了解各种知识及信息的机会和渠道，既可以弥补公共图书馆服务的不足，也可以使高校图书馆资源得到充分的利用。例如，大学寒暑假大概三个月的时间里，多数图书馆处于闲置状态，在这期间不妨将校内图书馆向社会公众开放，这样不仅方便公众查阅资料、获取知识，高校也可以借此机

　　① 万文娟.中外高校图书馆信息服务社会化比较研究[J].图书馆学研究,2009(2):73-76.

　　② 杨文建.高校图书馆社会化服务的现实问题与对策[J].图书馆理论与实践,2015(7):63-66.

　　③ 涂湘波,何平.面向弱势群体服务:高校图书馆社会化服务的拓展点[J].江西图书馆学刊,2012(1):81-83.

　　④ 岳庆荣.高校图书馆社会化服务的法律基础研究[D]大连:辽宁师范大学,2014:10.

会向社会宣传自身优势。事实上，高校图书馆作为信息资源的聚集地，越来越受到公众的青睐和重视，要求高校图书馆扩大服务范围，向社会开放的呼声日益高涨。例如，2007年，《国际先驱导报》与新浪网曾就"高校图书馆是否该向公众全面开放"做过联合调查，调查结果显示，有75.99%的人认为高校没有独占书籍资源的权力，高校图书馆应该向公众全面开放。甚至还有人认为高校图书馆属于公共资源，高校图书馆的图书等资源都来自纳税人的钱，纳税人应该享受进入高校图书馆学习的权利①。2006年成立的深圳大学城图书馆，是国内第一个兼具公共图书馆和高校图书馆双重功能的图书馆，开创了我国图书馆发展的新趋势。

2.高校图书馆自身发展的需要

高校图书馆作为社会的有机体，不能脱离社会的发展而独立发展，高校图书馆的发展在很大程度上依赖于社会的发展。图书馆事业的发展，既有国民经济增长提供的经济基础，又有国家为公共文化服务体系建设所投入的充足的资金支持，更有现代科技（包括网络技术、数字技术、新型传媒技术）的强力支撑。经济的发展、科技的进步以及政策的调整与跟进，都是推动社会进步的杠杆，而这些在某种程度上也影响高校图书馆的发展进程。高校图书馆开展社会化服务，一方面，能扩大与社会的沟通与交流，提升自己的社会影响力，有利于馆员开阔眼界，促进馆员的成长，为高校图书馆工作增添生机和活力；另一方面，能及时发现自身发展过程中的问题与不足，及时调整内部机制，合理调整资源建设，提高服务水平。众所周知，文献信息资源是整个社会发展的智慧结晶，高校图书馆的文献具有专业性、连续性和完备性等优点。文献信息工作是高层次的劳动过程，只有为整个社会的发展提供服务，才能发挥文献资源的最大价值。高校图书馆在提供社会化服务的同时也发挥了信息人员的作用。高校图书馆只有立足于社会，才能健康可持续地发展，从而更好地发挥自己的社会服务功能。

3.读者终身学习的要求

我国经济的快速发展大大提高了社会民众的物质生活水平，社会公众的精神文化需求也随之日益丰富且多元化，这对图书馆事业的发展起到了较强的助

---

① 李香丽，张丽霞.高校图书馆社会化服务研究[J].焦作大学学报，2012（2）：125-127.

推作用。为满足社会公众日益增长的文化需求和信息需求，高校图书馆应充分发挥其技术、文献资源、人才等方面的优势，勇于承担起社会责任，推进我国图书馆事业的发展。在知识爆炸的今天，知识更新速度加快，知识总量倍增，知识范围日益拓展，如何从浩瀚的知识海洋中准确地查找、获得满足自己需求的信息显得尤为重要。仅仅完成学校教育的学习模式已经不能满足社会发展的需要，终身学习已成为时代发展的需要，不间断地学习有利于人们不断提升自己解决实际问题的能力，充实和丰富自己的精神生活，跟上时代快速发展的步伐①。美国工程学会一项调查显示，一个大学毕业生在校学习的知识仅占工作后所用知识的12%，其余的88%则要靠其在工作中的不断充电来获取。我国有专家甚至认为，如今的大学生只掌握了一生所用知识的10%，步入社会以后要通过不断的学习才能获取其余的部分。终身教育和继续教育的理念已经被提出并大力倡导。我国早在十六大报告中就提出要"形成全民学习、终身学习的学习型社会，促进人的全面发展"。党的十八届三中全会通过的《中共中央关于全面深化改革若干重大问题的决定》也提出"改进美育教学，提高学生审美和人文素养"。可见，加强信息素养教育和人文素养教育不仅仅是大学生教育的目标所在，更是贯穿于人的一生的追求。高校肩负教育社会、启迪民智的责任，而高校图书馆也理所应当成为公众完成个人继续教育和终身教育的最佳场所，无论是在公众信息素养教育方面还是在提升个人审美和人文素养方面，都起着举足轻重的作用。高学图书馆不应封闭在以校园为物理界限的范围内，而应该向社会公众开放，成为一所"没有围墙的大学"，让更多的人受益。事实上，我国也有许多高校图书馆面向社会提供服务。2012年3月，北京大学图书馆馆长、首都图书馆联盟副主席朱强在首都图书馆联盟成立大会上宣布，北京大学、清华大学等34所高校的图书馆将向社会免费开放。早在十几年前，复旦大学、上海交通大学、同济大学等十几家上海高校都与上海图书馆签订了联盟协议，规定凡本科以上学历者，可以持借阅证或其他相关证件到图书馆联盟的任何一家图书馆借阅图书。还有部分高校图书馆尝试向社区居民免费开放，取得了良好效果。目前，虽然我国高校图书馆由于经费投入不足、法律政策不完善、社会服务意识不强等原因，社会化服务进程比较缓慢，与国外高校图书馆的社会化服务进程还有一定差距，但高校图书馆面向社会开放、为社会读者

① 岳庆荣.高校图书馆社会化服务的法律基础研究[D].大连:辽宁师范大学,2014:10.

接受教育提供文献需求已经成为必然的发展趋势[①]。

4.高等教育改革的必然要求

高校的功能随着社会的发展呈现出多元化发展趋势，培养人才、发展科学和服务社会已成为高校三大功能体系，其中，教学与科研应该是最基本的功能，社会服务功能在现代显得更为重要。社会服务功能实际上是教学与科研功能的扩展和延伸，确立其在高校功能体系中的核心地位是时代的要求[②]。高校图书馆为了满足社会公众的需求实现开放式的管理，对于图书馆本身以及社会公众都具有非常重要的意义。一方面，高校图书馆收藏了丰富的文献资源，可以发挥其最大效用为社会公众所用，社会公众也可以通过高校图书馆来学习，强化自身的文化素养，提高全民文化素质，这对于建设和谐社会具有积极意义。另一方面，高校图书馆面向社会提供服务可以加深高校与社会公众的联系以及交流，有效扩大高校的社会影响力，同时对于学校管理水平提升与信息化发展具有重要的推动作用。《国家中长期教育改革和发展规划纲要（2010—2020年）》第七章第二十一条规定：高校要增强社会服务能力，要牢固树立主动为社会服务的意识，全方位开展服务。要为社会成员提供继续教育服务。开展科学普及工作，提高社会公众科学文化素质和人文素质。积极推进文化传播，弘扬优秀传统文化，发展先进文化。因此，高校图书馆要顺应高校中长期改革发展的需要，转变发展方式，在面向本校师生提供教育科研服务的基础上，拓展服务范围，深化服务方式，创新服务载体，发挥自身优势，促进社会经济文化发展，这也是我国高等教育改革发展的必然要求。

（三）法律依据

1.国外高校图书馆社会化服务的法律规定

图书馆法是促进图书馆事业发展的重要保障。纵观世界图书馆事业的发展，但凡图书馆事业发达的国家，如英国、美国、日本等国家必定拥有完善的图书馆法律体系作为坚强后盾，包含图书馆专门法、与图书馆相关的法律以及一些行业规范。

---

① 李香丽,张丽霞.高校图书馆社会化服务研究焦作[J].焦作大学学报,2012(2):125-127.

② 严明.服务社会:高等教育功能定位的重新审视[J].江西行政学院学报,2007(2):69-71.

英国图书馆立法较早，法律制度也较为完备。英国早在 1850 年就制定了《公共图书馆法》，由此揭开了世界图书馆立法的序幕，对当今图书馆法律制度产生了深远影响。该法案准许按每 5000 人提供一个图书馆的标准建立城镇图书馆，经费来源于地方税收，图书馆要向所有纳税者自由开放。图书馆为社会服务的先进理念，是促使英国图书馆事业发展兴旺并长期处于世界前列的原因之一。英国大学图书馆从建馆起就面对社会开放，铸就了大学图书馆向社会开放的悠久历史，大学图书馆的服务对象中约有 5% 是市民[①]。

美国大学图书馆开展了形式多样的社会化服务，包括文献借阅、参考咨询、面向社区青少年和公众的合作性项目以及针对残疾人群体的特殊服务。美国大学图书馆之所以能在社会化服务中取得这样的成果，与其图书馆法律体系、图书馆经费保障、图书馆行业协会经费保障都有密不可分的关系。美国联邦政府颁布的一系列图书馆法，如《国会图书馆法》（1931 年）、《图书馆服务法》（1956 年）、《图书馆服务与建设法》（1964 年）等，其主要目的在于通过法律的形式规定联邦政府直接向图书馆事业拨款，并明确规定了联邦政府的拨款额度、使用范围、分配方式等，从而不断提升图书馆管理和服务的水平，努力实现各类型馆藏信息资源共享，保障图书馆事业均衡发展和国民自由平等地利用文献资源[②]。美国还通过了《图书馆互借实施规则》等一系列关于图书馆的法律法规，明确了"服务社会是图书馆业界的自觉义务"理念。美国大学图书馆界由此达成了一种共识：既然接受了来自国家税金的补助，那么就理应向全体国民开放。这些立法规定为美国大学图书馆积极参与公共文化服务体系建设打下了基础。

日本作为世界上图书馆事业比较发达的国家之一，其大学图书馆凭借齐全的功能、先进的设备、丰富的资源和专业的服务，成为社会公众学习的好场所，为社会知识创新及市民的终身教育做出了巨大贡献。日本政府要求大学图书馆责无旁贷地承担起为社会公众终身教育服务的义务，而日本的相关立法步伐更是不断前进。日本早在 1954 年颁布的《图书馆自由宣言》就明确规定大学图书馆要面向社会众提供服务。1961 年颁布的《公立大学图书馆改善纲要》提出大学图书馆要对外开放。1979 年，日本中央教育审议会在"地域社会和

[①] 贾米勤.发达国家高校图书馆参与社会服务的比较研究:以英国、美国、日本为例[J].农业图书情报学刊,2014(6):175-180.

[②] 王建.国外图书馆立法概况及述评[J].情报理论与实践,2011(4):119-124.

文化"的答复咨询报告中提出，要促进学校向地方开放。1985年，日本国立大学图书馆协会成立了"研究大学图书馆开放的调研组"。1986年，《关于国立大学图书馆实施开放服务目前的对策》中指出，大学图书馆不能以消极的姿态对待社会的需求，应积极适应社会的需求并为社会公众服务。1990年，日本政府颁布了《终身学习振兴法》，要求各级机关、教育委员会为推进终身教育的实施，创造一些有利的条件，如各地区内的大学开放图书馆等。1993年，日本国家学术审议会的报告指出，大学图书馆应积极稳妥地服务于读者，支援社会读者的继续教育活动。1995年，日本成立了国立大学图书馆公开事业实施委员会，全面推进大学图书馆向社会开放。1996年，日本政府发布了《新设私立大学图书馆改善纲要》。2004年，总务省对国立大学图书馆发出了"不限制身份和目的，可以利用大学图书馆资料的要求"。之后，日本大学图书馆向社会开放渐趋普及，与公共图书馆并没有明显的界限①。

在韩国，无论是政府还是高校都高度重视图书馆事业的发展，并且在法律政策和经费投入上都给予足够的支持。韩国政府于1963年颁布了第一部适用于各类型图书馆的《图书馆法》，为图书馆事业的发展奠定了法律基础。为了顺应时代的发展与社会的需要，韩国政府又相继修订和颁布了《图书馆振兴法》《图书法实施令》《学校图书馆振兴法》等一系列法律法规，使图书馆法律规范体系逐步趋向完善，成为图书馆服务于社会与国家的坚实可靠的法律工具。1994年，韩国大佛大学图书馆首次对外开放，之后经过二十多年的发展，获得了很多宝贵的实践经验②。1999年，韩国教育部发布公文，地方大学图书馆向地区居民开放，大学成为地方社会的组成部分。

2.我国高校图书馆社会化服务的法律规定

对于高校图书馆社会化服务我国图书馆法并未直接规定，而主要包含在《宪法》《高等教育法》《普通高等学校图书馆规程》等法律法规中。《宪法》第一章第二十二条规定："国家发展为人民服务、为社会主义服务的文学艺术事业、新闻广播电视事业、出版发行事业、图书馆博物馆文化馆和其他文化事业，开展群众性的文化活动。"《高等教育法》第十一条规定："高等学校应当

---

① 陈枝清.日本大学图书馆面向社会开放及对我国的启示[J].图书馆建设,2008(9):101-104.

② 金文花,党跃臣.韩国高校图书馆在社会化服务中的地位与作用解析[J].图书馆研究,2010(6):82-85.

面向社会，依法自主办学，实行民主管理。"第十二条规定："国家鼓励高等学校之间、高等学校与科学研究机构以及企业事业组织之间开展协作，实行优势互补，提高教育资源的使用效益。"《高等教育法》从立法角度对高校提出了工作要求，而图书馆作为高校的一个重要组成部门，发挥自身资源优势为社会提供服务应属于题中之义。2002 年，教育部颁发了《普通高等学校图书馆规程（修订）》，其第一条中就提出："高等学校图书馆是学校的文献信息中心，是为教学和科学研究服务的学术性机构，是学校信息化和社会信息化的重要基地。"高校图书馆是"社会信息化的重要基地"的属性为高校图书馆面向社会开放奠定了法律基础，但考虑到高校图书馆的实际情况，《普通高等学校图书馆规程（修订）》在高校图书馆面向社会开放问题上没有采取"一刀切"的方式，而是做了弹性规定，给高校图书馆提供了选择的机会。《普通高等学校图书馆规程（修订）》第二十一条规定："有条件的高等学校图书馆应尽可能向社会读者和社区读者开放。"地方政府相关职能部门相继出台了一些指导性意见，其中也有对高校图书馆面向社会开放进行规定的，如湖南省教育厅《关于加强普通高等学校图书馆工作的若干意见》规定："（高等学校图书馆）要主动适应学习型社会建设要求，在保障学校教学、科研需要的基础上，打破长期形成的封闭管理格局，稳步推进学校图书馆面向社会公众开放，使之逐步成为区域性的学习中心和咨询服务中心。"虽然从法律渊源看，它们不属于规范性法律文件范畴，但它们对本行政区域内高校图书馆面向社会开放具有很强的政策指导和推动作用。虽然这些关于高校图书馆社会化服务方面的规定并非强制性规定，但为我国高校图书馆开展社会化服务提供了法律依据。

二、高校图书馆社会化服务的原则和模式

（一）高校图书馆社会化服务的原则

1.校内优先原则

随着社会公众对图书馆需求的日益增加，要求高校图书馆向社会开放的呼

声也日益高涨。社会公众认为高校图书馆作为社会信息系统的一个重要组成部分，应当为社会提供文献资源服务。对此，有人认为，高校图书馆如果像公共图书馆那样面向社会公众开放，将会造成同公共图书馆职能混同，无异于取消高校图书馆，显然是不切合实际的①。虽然这种观点过于片面，但是也有一定的道理。毕竟高校图书馆与公共图书馆的服务对象不同，前者为学校师生的教学、科研提供文献保障服务，后者以社会公众为服务对象，在文献资源有限的情况下，就产生了高校师生与社会人员对馆藏资源利用之间的矛盾。对此，斯坦福大学做出如此规定：一旦任何机构与个人在任何情况下侵犯了斯坦福大学师生员工图书馆文献资源使用的优先权，图书馆保留拒绝其使用图书馆的权利。可见，斯坦福大学图书馆提供社会化服务时遵循本校师生优先的原则，坚持以满足本校师生的教学、科研为主，以满足社会用户的需求为辅。事实上高校图书馆坚持适度地、有前提地对社会开放是有必要的，即在满足本校师生教学、科研的前提下，发展社会化服务内容。一旦这一前提被打破，高校图书馆将会失去其本身的立足点，也就无法提供对社会开放这样的拓展性服务了②。因此，高校图书馆应在认真做好社会信息需求调查和预测的情况下，采取适当的措施避免校内读者和校外读者之间的矛盾，通过有效的借阅措施，在保证校内读者需求的同时，尽量满足校外读者的信息需求，尽力为社会提供一些信息服务。

2.需求导向原则

以用户为中心，满足用户需求是高校图书馆服务的基础，面向社会服务更不可忽视这一点。只有坚持需求向导原则，才能保证高校图书馆服务更加切合各类读者实际，激发读者利用图书馆的积极性。高校图书馆的文献资源向社会开放时，必须处理好为本校教学、科研服务和为社会服务的关系。为本校教学、科研服务是高校图书馆的首要任务与重点工作。虽然为社会服务也是高校图书馆的一项重要任务，但这项任务必须安排在其完成首要任务之后并且尚有余力的情况下。因此，高校图书馆必须要分清主次和轻重缓急，基于自身的实际情况，适当控制面向社会开放的文献借阅册数、借阅期限、借阅类别等，以

---

① 金声.高校图书馆社会化服务问题辨析[J].教育教学论坛,2012(36):196-199.

② 杜辉,王贵海.高校图书馆向社会开放的策略研究[J].图书情报工作,2013(24):56-60.

确保本校师生的文献资源需求得到满足，不能舍本逐末，影响到正常的教学、科研工作。

3.循序渐进原则

高校图书馆开展社会化服务需要一个过程，无论是在服务规模、服务范围还是服务层次上，都必须坚持循序渐进的原则。这有利于高校图书馆社会化服务的稳步推进，也有利于充分发挥高校图书馆对社会开放的积极作用。高校图书馆坚持循序渐进的原则就是根据自身的条件和能力的大小，适度地、循序渐进地向社会读者开放，分阶段、分步骤地稳步推进，部分条件成熟的可以部分开放，全部条件成熟的可以全部开放，切忌不顾自身的实际情况盲目跟进。由于受传统理念、服务范围、服务对象、经验不足和制度不完善等因素的影响，高校图书馆面向社会服务可能会遇到很多问题，甚至是不适应。因此，在开展这项工作时可先做一些尝试，积累一些经验，然后再正式开放。比如先服务某一区域或某一团体，对他们宣传馆藏文献情况和服务的规章制度，掌握基本的服务流程，积累一些经验，进而开展社会服务活动，最终实现由无偿服务向有偿服务过渡，由小范围服务向大规模社会服务逐渐转化①。

4.共建共享原则

图书馆自诞生之日起就存在一个突出矛盾，即图书馆提供文献资源的有限性与用户对图书馆文献资源需求的无限性之间的矛盾。尽管高校图书馆拥有的文献资源比公共图书馆更为丰富，但是任何一个高校图书馆的文献资源都是有限的，并且需要优先满足本校师生教学、科研的需求，仅凭一己之力，不可能完全满足社会用户的所有需求。即便如此，用有限的文献信息文献资源最大限度地满足社会用户的无限需求又是完全可能的，那就是走资源共建共享之路。因此，为了实现"有限的资源最大化满足无限的需求"，高校图书馆开展社会化服务必须坚持共建共享原则，这已经成为国内各类型图书馆的共识。文献资源共建共享是指图书馆在自愿、平等、互惠的基础上，通过图书馆与图书馆之间以及图书馆与其他机构之间的合作、协调，采取一定的方法和技术，共同建设、共同利用文献资源，以最大限度地满足用户的各种信息需求。

图书馆社会化服务坚持共建共享原则需要从以下几个方面着手：

---

① 宫平,郭帅.高校图书馆社会化服务模式探索[J].图书情报工作,2014(19):74-78.

第一，建立图书馆共享联盟，通过联盟形成整体合力，提高文献保障能力及服务质量，达到良好的服务效果。而建立以高校图书馆为主体的异质性区域图书馆联盟已成为图书馆共享联盟的首选。异质性区域图书馆联盟强调异质性，即在一个联盟中既要有高校图书馆又要有公共图书馆，既要有综合型图书馆又要有专业型图书馆，对不同类型的图书馆资源进行整合，实现资源利用的最大化。高校图书馆无论是资源、设备、技术还是理论水平都有着得天独厚的优势，因此理应成为联盟的主体。而高校图书馆提供社会化服务秉承的资源共享、开放互补、为更多用户服务的理念，与其他类型图书馆尤其是公共图书馆的理念是相同的，这也成为图书馆资源建设和可持续发展的动力。但是，随着高等教育的发展，高校逐步形成了各自不同的办学特色，每个学校都有一大批有优势、有特色的专业，而高校图书馆也会根据其所在高校的重点学科和特色专业来建设文献资源和提供服务内容，甚至会根据这些来选择和培养馆员，因此，各高校图书馆之间的差异也就逐步凸显出来。这些差异使高校图书馆在馆藏资源、服务对象、服务内容、服务方式等方面都有着各自不同的特点。因此，各高校图书馆应当根据自身的特点选择合适的服务项目对社会开放，即高校图书馆之间要有分工，根据所处地域的特点，找准定位及切入点，与公共图书馆一起发挥区域整体服务优势，更好满足社会信息需求。

第二，高校图书馆可以通过与行业协会、学会合作的方式开展社会化服务。信息职能是行业协会的基本职能，而信息职能的发挥需要文献资源加以支撑，但是作为中介组织的行业协会又缺乏必要的文献资源。因此，行业协会通过与图书馆合作，在一定程度上解决了其文献资源短缺的问题。同时，行业协会利用自身的组织、协调优势，可以通过共建共享方式对行业内高校、科研院所、企业的文献资源加以整合，形成完整、系统的行业特色文献信息资源体系，有助于高校图书馆更好地开展社会化服务。如大连医科大学图书馆以大连医学会医学信息专业委员会为依托，将大连市各医院图书馆组织起来，通过医院图书馆向大连各医院提供文献传递、馆际互借服务。同时，大连医科大学图书馆利用其人才优势帮助医院图书馆培训馆员，给予图书馆业务方面的指导[1]。

第三，高校图书馆可以联合地方政府、所在社区及企事业单位共同协商办

① 王涛.高职院校图书馆基于行业协会面向企业服务的探索[J].现代情报,2008(7):129-131.

馆，并面向社会开展服务。这种模式既能够为社会用户提供更丰富的文献资源和更深层次的服务，如参考咨询、课题跟踪、特色数据库、人员培训等，同时也为高校图书馆自身拓展了服务范围，获得相应的政策与资金支持，在一定程度上弥补了高校图书馆资金不足的问题，实现双赢。聊城大学与聊城市共建共享图书馆是国内较早的校地共建模式案例。

第四，高校图书馆可以利用自身文献资源和网络资源优势，全方位为企业提供信息保障服务，与企业联合办馆。高校图书馆采用文献调查、网络搜索、实地走访等手段围绕企业的经营目标和发展愿景进行数据收集、调研分析和专家咨询，采购企业需要的文献资料；为企业建立信息平台，建设企业专题数据库，提供课题跟踪、竞争情报研究、科技查新、代译代查等针对性强、技术含量高的个性化信息服务；为企业提供讲座、培训等服务，帮助企业不断提高员工的综合素质，使企业更好地生存与发展。例如，上海市第二医科大学图书馆与网络公司合作，为大型药厂制作网页，在网上公布医药科技信息并不断更新，提高药厂广告宣传效果，使高校图书馆与企业达到互惠互利、共同发展，创造了双赢效果[①]。

5.注重效益原则

图书馆既是精神文明建设的阵地，又是公益性的服务单位，这就要求高校图书馆社会化服务必须以社会效益为主。高校图书馆应通过自身多元化的服务体系，提供有用的知识、信息，满足社会公众各方面的需求，对社会进步产生积极的推动作用，形成服务信息与需求信息的及时交换以及信息输入和信息输出的良性循环。同时，图书馆的运作依赖政府财政的投入，随着资源成本的上涨和图书馆自身规模的扩大，国家投入的经费就显得不足，经济效益也是图书馆面向社会服务不可忽略的因素。由此可见，高校图书馆在社会化服务过程中既要注重社会效益，又面临解决实际服务成本的问题，需要在效益与成本之间寻找平衡点，实现社会效益与经济效益的和谐统一，促进图书馆事业持续、健康发展。

注重效益原则包括以下几个方面：第一，遵循市场运行规律，争取较大经济效益。在市场经济条件下，文献资源也是一种商品，而且信息服务确实能产

---

① 刘哲.高校图书馆社会化服务现状、模式与评价[J].河南图书馆学刊,2017(1):35-37.

生一定的经济效益，因此，图书馆可以通过科学、高效的管理，使其所投入的资源能够得到合理配置，进而实现有效利用，努力提高服务的"投入产出比"，提高社会化服务的经济效益，但是不能为了追求经济效益而一切向"钱"看，不能以种种借口向读者收取不正当的费用或多收费用，或者将无偿服务改为有偿服务。第二，坚持把社会效益放在首位。图书馆服务必须将社会效益放在首位主要是由图书馆的本质属性所决定的，不管在什么时候，图书馆的公益性不会改变，因此，只要图书馆性质不发生变化，就必然要将社会效益放在首位，当社会效益与经济效益发生矛盾时，经济效益应自觉服从社会效益。有一个现象值得反思：部分图书馆因为过分注重经济效益的提升而忽视了对社会效益的追求，使得图书馆既不是完全意义上的商业性公司，也并非完全意义上的公益性图书馆，长此以往，必然会导致以公益性服务为本质属性的图书馆变得面目全非，对此现象我们必须要重视[1]。要形成有利于图书馆把社会效益放在首位的环境和条件，政府应当加强对图书馆的经费投入，切实解决制约图书馆社会化服务开展的经费紧张问题，激发图书馆面向社会开放的积极性，提升社会化服务质量，让更多的社会公众走进图书馆，阅读更多的信息文献资料，提高自身的科学文化素质，进而提高整个社会的文明程度。第三，坚持社会效益和经济效益的和谐统一。社会效益和经济效益并非相互对立，而是相互联系，相互统一。从某种意义上讲，社会效益与经济效益在一定条件下可以相互转化。例如，社会团体、公司或者个人向图书馆捐赠图书或者捐助资金作为对图书馆社会化服务的回报和支持，国家因其社会化服务取得的成效而加大对其的投入，最终使图书馆服务的社会效益以一定的经济效益形式表现出来。另外，高校图书馆在追求社会效益的同时，可能间接地带来经济效益。例如，图书馆为社会读者提供文献资源，读者随后从这些文献资源中获取知识，并对这些知识进行吸收、利用和转化，再将知识转化后所得的成果应用于经济建设并取得了一定的成效，这就使图书馆在实现社会效益的同时产生了间接的经济效益。因此，图书馆要想得到长远发展，不能将社会效益与经济效益割裂开来，而应该将二者紧密结合起来，共同促进图书馆事业整体发展，图书馆事业整体发展了才能实现更好的社会效益与经济效益[2]。

①李文娟.试析图书馆的经济效益与社会效益[J].经济研究导刊,2017(5):160-161.

②王宇.高校图书馆社会化服务研究[M].北京:中国社会科学出版社,2014:92.

（二）高校图书馆社会化服务的模式

1.借阅服务

高校图书馆社会化服务中最简单、最直接，也最有可操作性的一项服务就是文献借阅服务。高校图书馆在满足本校师生对文献资源基本需求的前提下，可通过向社会公众发放借阅证，或通过对社会公众个人的身份验证赋予其借阅权限，而获得借阅权限的社会公众可以使用高校图书馆的图书、期刊、音像资料、电子资源等。很多人认为高校图书馆是否真正实现社会化服务的主要标志就是其是否向社会读者提供浏览服务和借阅服务，虽然这在很大程度上是一种误读，但从一个侧面反映了社会公众对与高校师生享有同样权利的传统信息服务的重视[①]。借阅服务是高校图书馆最基本、最容易开展的服务模式。高校图书馆拥有丰富的文献资源，可以根据馆藏文献资料借阅利用状况，在满足本校师生教学、科研之外，将闲置或者利用效率不高的文献资料面向有需求的社会用户开放。为了更好地实现高校图书馆对社会用户的全方位服务，提升社会用户对文献资源的使用效率，高校图书馆面向社会服务时还可以提供相应的配套服务，如复印、打印、扫描等系列服务，实现社会用户对所查阅资料的及时有效保存，还可以为社会用户提供自习室、视听室等基本服务设施，使其能享受图书馆服务之便利。例如，广西大学图书馆为方便社会读者利用图书馆服务，简化手续，校外读者凭个人身份证及其所在单位证明，交纳一定的工本费和押金就可以使用馆藏各种文献资源。该图书馆自2002年面向社会开放以来，校外读者的数量逐年上升，文献借阅量也逐年上升。经统计，截至2012年底，该图书馆校外读者有900人，借阅量达到19 200册，平均每人每年10.6册。在图书馆办理借阅证的校外读者除了享受借阅服务外（借阅数量有限制），还可以享受其他如咨询服务、复印服务、课题查新服务、文献传递服务等[②]。高校图书馆还可以通过与社区合作了解用户的主要需求，为所在社区的用户提供图书导读、图书分类管理、建立主题书架等针对性服务，让社区用户能够真正享

---

① 刘哲.高校图书馆社会化服务现状、模式与评价[J].河南图书馆学刊,2017(1):35-37.

② 蒋德凤,杨桂珍,易岳健,等.信息社会化视阈下高校图书馆社会服务创新机制研究:以广西大学图书馆社会化服务实践为例[J].农业图书情报学刊,2013(6):161-164.

受到临近高校图书馆的便利。这是地方高校图书馆面向社会服务中较为常见的借阅服务，既能满足社区居民的文化需求，又方便图书馆对借阅文献的管理和协调。高校图书馆一般都会购置图书数据库、中外文专业期刊数据库以及自建一些特色数据库，这些也可以向社会公众开放，方便社会用户获取更丰富的信息资源。

2.专题服务

专题服务是高校图书馆开展社会化服务的重要形式，也是体现高校图书馆价值的重要途径。高校图书馆利用自己的优势，针对社会用户的需要而开展的高端用户服务，可以分为专题情报服务、专题社会信息服务、专题学习服务等形式。专题情报服务是根据用户的特定需要，围绕某一专题，在一定时期内主动、连续地为用户提供对口的文献情报服务。社会用户除了有对图书文献资源借阅和查询的基础性需求之外，还会有一些基于专题的需求，需要高校图书馆协助，而高校图书馆可以与学校内学科专家以项目合作的形式共同完成专题性的需求服务。高校图书馆可以通过题录、原文汇编或者撰写专题综述、研究报告等形式向特定用户群体及时提供文献信息服务。如海南大学图书馆为旅游资源丰富的海南省建立了海南旅游资源数据库。专题社会信息服务是指高校图书馆根据社会用户的需求，通过分析、研究、归纳等方式将与现实工作相关的信息资料整理编辑成专题资料，为科学化决策提供信息支持。例如，广州大学图书馆在中共广州市委对外宣传小组办公室的委托和指导下，组建专门团队就境内外媒体对广州市的新闻报道进行收集、筛选、整理及舆论情况分析，以简报、专题报道、专题资料汇编等形式为广州市有关部、委、局提供社会新闻信息综合与专题服务，方便相关部门了解舆情，提供领导层科学决策提供参考和借鉴。专题学习服务是指高校图书馆利用自身优势，在推动学习型社会建设中发挥特定的作用。倡导学习型社会建设，促进良好社会学习氛围的形成也是高校图书馆的一项重要任务和应承担的社会责任。高校图书馆利用丰富的纸质文献资源和数字化资源，以及良好的学习环境、过硬的专业能力，为社会用户开展专题服务，是其社会化服务的形式之一。如乐山师范学院图书馆配合峨眉山市领导干部学习型班子建设，开设图书专架，建立专题电子资源，提供阅读指导、读书交流等服务①。

---

① 荣光怡.高校图书馆社会化服务模式研究[J].高教学刊,2016(22):186-187.

3.知识服务

知识服务是指图书馆知识服务人员利用自身的专业知识和技能，借助先进技术和设备对图书馆文献资源进行组织、分析、挖掘等一系列深层次加工后形成增值知识产品，融入用户解决问题的全过程之中。它不仅强调在知识获取、知识整合、知识组织的基础上融入图书馆馆员自身的专业知识、专业技能等智慧因素，更重要的是加入知识的创新过程，生成具有增值价值的知识产品，探究性地帮助用户解决凭借其自身能力所不能解决的问题。知识服务的内容主要包括决策支持服务、专题情报调研分析服务、嵌入式科研跟踪辅助服务[1]。随着市场经济的深入发展，高校图书馆面向社会服务要以社会需求为导向加快知识开发力度，相应地在为企业开展知识服务的过程中可以针对他们提出的特定课题和项目，借助丰富的馆藏资源和现代的技术手段进行信息搜集、整理与加工，帮助企业解决问题。例如，复旦大学、上海交通大学等一大批高校的图书馆已纷纷向企业开通知识平台，为企业提供其所需的有关技术信息、决策信息、供求信息、同行企业的发展态势等信息和知识的"套餐"服务，不断延伸深度和广度，形成知识服务的系列产品、优质产品和高端产品，这充分展示了图书馆服务于经济社会发展的崭新形象与独特魅力[2]。知识服务是图书馆社会服务中最难但也最具潜力与发展前景的服务模式与服务方向，对图书馆馆员的服务能力提出更高的要求。因此，高校图书馆应通过培训学习、团队协助等方式，提升馆员的专业水平和服务能力，使图书馆的社会化服务更上一个台阶。

三、高校图书馆社会化服务中存在的法律问题

（一）高校图书馆面向社会开放的法律依据不足

虽然教育部2002年颁布的《普通高等学校图书馆规程（修订）》、中国图

---

[1] 王焕景,丁志健.知识生命周期视阈下高校图书馆社会化知识服务模式研究[J].图书馆工作与研究,2017(3):100-104,109.

[2] 周华生,郑瑜,朱甫典.制约高校图书馆知识服务社会化的问题及对策[J].现代情报,2006(5):35-37,40.

书馆学会2008年发布的《图书馆服务宣言》以及全国人大常委会2018年修订的《高等教育法》都直接或间接规定了高校图书馆社会化服务工作，为高校图书馆面向社会开放提供了法律依据，奠定了法律基础，但是这些规定作为高校图书馆面社会化服务的依据仍存在以下几个方面的不足。

1.法律规定缺乏强制性

虽然许多法律法规要求高校图书馆加强社会化服务，但是它们只是对高校图书馆社会化服务做了引导，如"有条件""尽可能"等词语的使用都模糊不清，并没有做出强制性要求。这种弹性要求赋予高校图书馆较大的自由裁量权，高校图书馆即便具备条件而不向社会开放，也不会承担不利的法律后果，这对于推进高校图书馆全面开展社会化服务的作用有限。解决机制有多种，其中较为可行的就是尽快出台一部完整权威的图书馆法，通过立法明确规定图书馆的社会服务义务、服务内容、服务资金来源等。这样，高校图书馆社会化服务将会有法可依，有章可循，图书馆社会化服务也能够可持续发展。另外，虽然《普通高等学校图书馆规程》为高校图书馆社会化服务提供了直接的法律依据，但对高校图书馆面向社会开放的具体做法如经费、人员、服务形式、工作评估等没有明确规定，需要进一步细化与完善。

2.缺乏相应的激励措施

虽然许多法律政策规定高校图书馆"应尽可能"面向社会开放，但没有将相应的鼓励和扶持措施纳入其中，对高校图书馆社会化服务工作难以形成有效激励。高校图书馆面向社会开放以后，将一部分本应由公共图书馆承担的任务转移到自己身上，或多或少增加了高校图书馆人、财、物的投入，也使高校图书馆承担了更多的压力，这会让高校图书馆在做出面向社会用户服务的决定时顾虑重重、犹豫不决。如果有相应的鼓励和扶持措施，将会在一定程度上调动高校图书馆开展社会化服务的积极性，此项工作势必也会因此而顺利推进。长期以来，虽然我国高校图书馆拥有海量的资源，但是到目前为止真正全面开展社会化服务的高校图书馆并不是很多，主要原因之一在于没有形成一套激励国内高校图书馆主动开放、服务社会公众的机制，高校图书馆开展社会化服务工作时动力不足。而西方一些发达国家的高校图书馆都积极主动地开展社会化服务，并且通过不断探索和实践，在社会化服务方面取得了不错的成绩，也积累了相当丰富的宝贵经验。由于国外公立大学的经费是由国家税收来承担，所以国外公立大学的图书馆无条件地对社会开放，这也是大学图书馆不断提升自身社会责任意识的一种体现，而政府也注重通过立法的形式给其相应的政策上或者经济上的支持，以此来保障大学图书馆开展社会化服务的经济基础，激励大学图书馆主动积极地开展相关的社会化服务①。因此，我们应根据各高校图书馆的实际情况，因地制宜地制定相应的奖励机制，以支持、鼓励高校图书馆开展社会化服务，提高图书馆文献资源的利用率，满足社会公众的科学文化需求。

3.缺乏相应的监督、管理规定

任何一项工作，如果缺少必要的监督和管理都难以贯彻落实，都很难做好。现有的相关法律法规对高校图书馆社会化服务的规定都非常弹性化，也没有对高校图书馆面向社会开放的监督和管理做出规定。对图书馆面向社会开放工作进行监督和管理需要解决以下两个方面的问题：一是监督主体需要明确，是政府、教育主管部门（如教育厅），还是高校？笔者认为应以教育主管部门为监督主体比较妥当，但要把高校图书馆社会化服务作为读者服务中的一项重要内容纳入高校教学工作水平评估的指标体系之中，以评估促进高校图书馆社会化服务的发展。二是建立科学合理的考核机制。可以从图书馆开展服务的能动性、开展工作取得的成效以及图书馆办馆条件等方面建立考核标准体系，同时考核机制要符合实际，以便于考核的正常进行，且能够取得实效。另外，要出台较为细致的、操作性强的管理规定，这是考核的制度保障和依据。例如，高校图书馆需要定期汇报工作开展情况，并将图书馆社会化服务工作纳入年度考核范畴，考核结果作为图书馆加分奖励或者扣分处罚的依据。

（二）高校图书馆社会化服务中的收费问题

高校图书馆社会化服务中的收费问题是一个敏感而且政策性和法律性都非常强的问题，稍有不慎就会让图书馆陷入麻烦之中。虽然社会公众、媒体等都呼吁高校图书馆要免费向社会开放。但是在这种呼声的背后却忽略了高校图书馆面向社会开放过程中所产生的成本问题。高校图书馆开展社会化服务肯定会

---

① 岳庆荣.高校图书馆社会化服务的法律基础研究[D].大连:辽宁师范大学,2014:10.

额外增加图书馆人、财、物等方面的成本，例如，要求馆藏资源每年都要有补充，对无利用价值和破损严重的纸质资源要进行修补或剔除。图书馆资源会随着利用率的提高而产生一定损耗，而原有损耗是由各高校自行承担的，那么增加对社会服务后产生的损耗将由谁来承担？如果全由高校自行承担可能会出现馆藏资源总量特别是纸质资源总量因为更新数量少于剔除数量而下降的情况①。有人认为，高校图书馆合理收取的社会服务费用，可以部分用于文献资源的建设和馆舍及设施的维护，更好地为校内外读者服务；部分用于对有突出贡献的职工进行奖励，增强其工作热情和责任感，调动其对社会服务工作的积极性、主动性和创造性。另外，收取一定的费用可以起到调节、控制读者流的作用，控制读者借阅的随意性②。在美国，大学图书馆面向社会读者提供服务需要收取一定费用，比如享有"美国公立大学之王"称号的加利福尼亚大学伯克利分校就规定，加州本地居民借阅图书馆文献，需要付费（每年100美元）购买借阅特权。密歇根大学按照读者类型设置不同的借阅权限，例如，社会读者被划分为校友、客人等类型，校友借阅卡每年需要支付125美元，客人借阅卡每年则需要支付250美元③。如果对来自社会的读者实行有偿服务的话，依据和标准是什么？费用该如何管理？教育部2002年颁布的《普通高等学校图书馆规程（修订）》，对图书馆收取适当社会服务费用做出了原则性的规定。2006年，教育部、国家发改委和财政部联合下发的《关于进一步规范高校教育收费管理若干问题的通知》规定，高校向校外人员和单位提供服务，可收取相应的服务性费用。高校图书馆面向社会开放收费属于服务性收费，这一费用的收取和管理需要符合国家有关服务性收费的基本要求。《关于进一步规范高校教育收费管理若干问题的通知》规定，服务性收费原则上应由学校财务部门统一收取，不具备条件的，可由学校相关职能部门收取，但应由学校财务部门统一进行管理和核算，严禁由高校财务部门之外的其他部门自立账户进行管理和核算。高校图书馆开展社会化服务时应该严格遵守并贯彻执行这条规定。由

---

① 廖武山,谢斯杰,陈聘婷.高校图书馆社会化服务之法律初探[J].海南广播电视大学学报,2009(3):103-106.

② 王洪禄.高校图书馆的社会化服务[C].华北地区高校图协第26届学术年会(天津区)交流论文汇编,2012(9):1-5.

③ 崔红雁.刍议现阶段高校图书馆对社会开放的原则[J].大学图书情报学刊,2009(4):39-41.

于高校的服务性收费收入应全部用于学校的办学支出，所以，高校图书馆开展社会化服务时收取的必要费用应符合学校有关财务管理规定，按要求规范使用，并自觉接受有关机构的监督，以防给图书馆带来不必要的麻烦。

（三）高校图书馆社会化服务中的《合同法》问题

1.合同主体资格问题

高校图书馆和社会读者之间的关系是一种服务与被服务关系，这种关系是建立在双方法律地位平等基础上的民事法律关系，即合同关系。我国《合同法》第九条规定："当事人订立合同，应当具有相应的民事权利能力和民事行为能力。"法律关系主体的构成资格是具有相应的权利能力和行为能力。根据我国法律的规定，法律关系的主体主要包括公民（自然人）、法人和非法人组织。法人作为与自然人相对应的法律意义上的"人"，是社会组织在法律上的人格化，法人与非法人组织的根本差别在于法人依法独立享有权利和承担义务。目前，《普通高等学校图书馆规程》是高校图书馆建设的主要法律依据。根据《普通高等学校图书馆规程》的规定，高校图书馆是高校的内设机构，不具有独立的法律关系主体地位，既不属于非法人组织，也不属于法人，不能以自己的名义独立参与法律关系成为责任主体。但是，在现实生活中，高校图书馆实际上是以独立主体的身份对外联系、交流和开展工作的，如图书馆现场采购图书资料、到市场上购置办公物品等，均是以图书馆自己的名义，也为对方所认可。例如，在图书馆与产品供应商签订的购买合同上签字的是馆长而不是校长，或者图书馆与社会组织达成的资源共享协议上签字的也是馆长。在司法实践中，这些活动只要符合民法、合同法等法律规定，均受到法律的认可和保护，高校并不能以图书馆是其内设机构为由而单方面予以撤销。再如，高校图书馆发挥自身的文献数据资源优势和人才优势，积极开展科技查新工作，服务于企业的发展，促进了地方经济的快速发展，实现了图书馆社会化服务的价值。教育部科技发展中心年检统计结果显示，高校图书馆科技查新业务量近50%来自企业。虽然高校图书馆在科技查新服务中不具有法人地位，但法人管理制度中的职责描述所体现的内部授权使其具有法人的地位，其面向社会开展服务，与查新用户是互为独立的法律主体，双方签订科技查新协议，适用《合同法》调整。

图书馆在对外活动中依法具有独立的主体资格只是一种例外情形，这必须以充分发挥其为社会服务的职能为限，必须根据其性质、任务、规模等开展对外活动，必须以社会公益而不是以盈利为目的。因此，必须对图书馆的对外活动进行适当规范，并由法律法规做出具体规定①。随着我国市场经济和图书馆事业的深入发展，高校图书馆将是一个越来越开放的体系，社会化服务的功能会逐步加强，其作为平等社会主体参与社会活动的角色会进一步凸显。可见，现有立法与高校图书馆未来的发展不相适应。笔者建议对于现有立法中针对高校图书馆法律关系主体资格的规定加以完善，规定普通高校图书馆是高校的内设机构，在对外工作与活动中，在一定范围内依法具有独立的主体资格，独立享有权利和承担义务、责任。通过立法确定高校图书馆的"准法人"地位及其应承担的义务、责任，可以加强高校图书馆对外交流和协作，实现资源共享，充分发挥高校图书馆的社会功能。

2.合同的成立与形式

合同成立是指合同的当事人就合同的条款协商一致。根据《合同法》有关规定，合同签署双方均必须具有法律关系的主体条件，民事法律关系主要主体包括自然人、法人、非法人组织与国家机关四类。合同必须是地位平等的当事人之间的合意。只有地位平等才有可能保证意思表示的真实性，才能真正达成公平、合理的协议。从表面上看，图书馆和读者之间地位好像是不平等的，但事实上，就合同关系来说，二者之间的法律地位是平等的，不存在隶属关系，他们可以根据自己的意志达成合意，形成合同。高校图书馆将社会化服务的相关规定、程序等向社会公布，实际上是一个要约邀请，社会读者根据该要约邀请向高校图书馆提出申请则是要约，图书馆接受社会读者的申请并同意向其提供服务是承诺，承诺生效时（即图书馆承诺的通知到达受要约者——提出申请的社会读者）服务合同成立。合同的形式是指当事人之间达成合同协议的外在表现方式。《合同法》第十条规定的合同形式有书面形式、口头形式、其他形式。其他形式主要指当事人未用语言、文字表达其意思表示，仅用行为向对方发出要约，对方接受该要约，以做出一定或指定的行为作为承诺，合同即可成

---

① 胡福文.普通高校图书馆法律关系主体资格初探[J].湖北第二师范学院学报,2009(4):132-133.

立的情形，也称作合同的推定形式。高校图书馆在开展社会化服务过程中所涉及的合同形式主要包括书面形式和口头形式。由于社会读者的组织构成较之校内读者更加复杂，并且社会读者同高校之间缺少必要的约束关系，高校图书馆在面向社会服务的过程中与社会读者发生纠纷的可能性较之校内读者大，因此，高校图书馆和社会读者之间建立服务合同关系时，采取书面合同形式较为妥当，特别是合同标的与社会读者自身利益关系密切的合同，如科技查新、专题服务等特殊文献信息服务以及图书馆开展的一些有偿服务合同。"白纸黑字"的书面合同形式更能保证法律关系的稳定性，更有利于明晰当事人之间的权利义务关系，其证据效力也最强，可以有效避免当事人之间发生纠纷时证据不足以及取证困难等问题。当然，高校图书馆在社会化服务过程中也可以视情况采取非书面合同形式，如高校图书馆向社会读者提供的图书期刊室内阅览、文献馆内复印打印等临时服务往往采用口头形式，社会读者按照规定的程序入馆即可。采用口头形式等非书面合同形式时，图书馆应对社会读者接受服务时要注意的问题当面进行提醒，或者在为社会读者办理的借阅证的醒目位置就注意事项予以标注。需要指出的是，虽然社会读者通过了图书馆审查并且办理了借阅证，但是图书馆没有同社会读者签署书面协议。这种情况也是一种非书面合同，图书馆面向社会读者颁发的借阅证仅为合同成立的证明，并非合同本身。

　　高校图书馆面向社会服务时，通过数据电文建立合同关系的情况也很普遍。根据我国《合同法》第十一条的规定，数据电文（电报、电传、传真、电子数据交换和电子邮件）也是书面合同形式之一。尽管电子合同与纸质合同具有同等的法律效力，但是两者之间无论是在生效时间上还是在证据要求上都是有差异的。一般来说，社会读者向高校图书馆发出的以建立合同关系为目的的数据电文是要约，高校图书馆接受该要约的数据电文是承诺，当数据电文到达社会读者与图书馆约定的系统或者社会读者单方面指定的系统时合同生效。如果高校图书馆与社会读者双方需要对电子合同进行书面确认的，则以双方最终签字的时间为电子合同生效时间。电子合同也具有证据效力，但根据《电子签名法》的规定，必须是最原始的且未经修改的数据电文才能作为证据使用。这意味着高校图书馆在面向社会服务过程中应当妥善保管与合同有关的数据电文，并且不得进行修改，否则被修改后的数据电文在发生纠纷时可能会使证据效力减弱甚至丧失[①]。

3.合同义务履行问题

合同生效后，当事人应当按照约定全面履行自己的义务。这里的"全面履行"又称"适当履行"或"正确履行"，是指当事人应当按照合同约定的内容在合同规定的期限内以适当的方式履行合同约定的义务。如果一方或双方未按合同约定履行合同义务就会产生相应的法律责任。不过违约责任的大小因合同类型不同而有所差异。其中，有偿合同的权利主体在享受权利的同时需要履行一定的义务，因而违约行为发生后有偿合同的法律责任比无偿合同要重。高校图书馆在社会化服务过程中所涉及的合同包括有偿合同和无偿合同，因此，在合同履行过程中应区分不同类型的合同给予不同的注意义务，防止因有偿合同违约而承担较轻的法律责任，而无偿合同违约则承担过重的法律责任。《合同法》第六十条中规定："当事人应当遵循诚实信用原则，根据合同的性质、目的和交易习惯履行通知、协助、保密等义务。"可见，在高校图书馆面向社会开放的服务中，保密义务也是一项非常重要的合同附随义务，必须予以充分重视。高校图书馆面向社会读者办理借阅证或者提供专题服务时容易获得社会读者涉密信息，一旦这些信息被泄露出去，可能会对当事人的利益造成巨大的影响。例如，高校图书馆在为社会读者提供课题查新服务时，若在查新过程中课题申报材料的创新点被图书馆工作人员泄露出去而被他人抢先使用，可能会导致当事人课题申报失败。再如，为保证查新工作的顺利开展，委托人往往需要填写查新委托书，查新委托书中涉及项目立意、研究目标、关键技术、应用领域等众多重要信息，这些属于委托方保有的核心信息，一旦被查新机构如图书馆向第三方泄露，将会严重损害查新委托人的利益。因此，保守秘密是图书馆工作人员在查新工作中必须严格遵守的行为规范。

4.合同纠纷的解决

以文献信息服务为合同标的是高校图书馆与社会读者签订的服务合同所具有的鲜明特点，它主要涉及文献载体保护、秘密保护以及著作权保护等问题。事实上，在服务过程中合同的纠纷也多因为文献资料损坏、读者信息泄露和著作权被侵犯等。鉴于此，高校图书馆在开展社会化服务过程中采取合同纠纷预

---

① 王玉林.高校图书馆面向社会开放法律问题研究[J].情报理论与实践,2013(3):25-29.

防措施尤为重要，避免给图书馆带来不必要的麻烦。对于合同纠纷的预防，高校图书馆可以采取事先告知和在服务合同中预设条款等措施。高校图书馆应全面梳理社会化服务中可能存在的各种潜在的风险，并在图书馆社会化服务的规章制度中进行规定和明示，并通过图书馆网站或者专门宣传手册进行宣传，强化社会读者和图书馆员工的法律意识。在服务合同中预设纠纷解决条款，或者将社会化服务规章制度中的相关规定作为合同的默示条款，可以达到避免合同纠纷发生或者发生纠纷后易于解决的效果。此外，在服务合同中预设警示条款和免责声明条款，尽到提醒义务对于图书馆规避风险、避免发生连带责任具有重要作用①。一旦合同纠纷发生，高校图书馆与社会读者双方应以协商解决为主，将申请仲裁和法院诉讼作为辅助手段，有利于节约成本与和谐借阅关系的构建。

（四）高校图书馆社会化服务中的著作权问题

信息资源共享与知识产权保护是当今知识信息时代两大世界性问题。高校图书馆在社会化服务过程中必然涉及知识产权问题。信息资源作为人类认识社会和改造世界的知识产物，是人类社会共有的财富，应该为全人类共同享有。国际图联也强调，信息资源是属于所有人的，社会公众应当能够获取任何形式的信息，版权不应成为信息与思想获取的障碍②。信息资源共享代表的是广大社会公众的利益，其终极目标是社会任何人在任何时间、任何地点均可以自由获取任何信息，这也是高校图书馆社会化服务的出发点与落脚点。但知识产权是一种私权，代表权利人的个体利益，受到国家知识产权制度的保护。现实中存在不同的利益集团和主体，也就必然存在利益的冲突，因此，信息资源共享与知识产权保护之间存在一定的矛盾性。特别是在网络信息技术日益发达的今天，信息资源共享性与知识产权专有性的对立与冲突更加突出。当然两者之间并非零和博弈关系，其矛盾并不是不可调和。一方面，知识产权制度通过对权利人合法权益的保护，激励权利人从事知识产品的生产，促进更多优秀知识产品的涌现，为信息资源共享提供源源不断的动力；另一方面，信息资源共享可以促进信息交流、科技进步和社会发展，在信息资源的开发利用实践中也形成

① 王玉林.高校图书馆面向社会开放法律问题研究[J].情报理论与实践,2013(3):25-29.

② 王伟平.图书馆信息资源共享与知识产权保护[J].潍坊学院学报,2009(3):87-89.

了新的知识和信息，促进了知识产权制度的合理健康发展。可见，信息资源共享与知识产权保护是对立统一的，既相互制约，又相互促进，正如罗伯特·考特和托马斯·尤伦在《法和经济学》中所说："没有合法的垄断就不会有足够的信息生产出来，但是有了合法的垄断又不会有太多的信息被使用。"①因此，图书馆在社会化服务过程中，要处理好信息资源共享与知识产权保护之间的关系，做到在保障社会读者充分享有信息资源的同时，能对信息资源的知识产权进行有效保护，以达到信息资源共享与知识产权保护的合理平衡。

1.高校图书馆社会化服务中的著作权侵权风险

高校图书馆社会化服务中的著作权侵权风险来自两个方面：一是图书馆自身，二是社会公众。图书馆自身表现为主动侵权与被动侵权。

第一，高校图书馆在社会化服务过程中主动侵犯著作权。高校图书馆主动侵犯著作权是指其在社会化服务过程中因过错或未尽到合理注意义务而侵犯他人著作权的行为，包括违反约定侵犯著作权行为和违反法律规定义务侵犯著作权行为。违反约定侵犯著作权行为一般发生在高校图书馆面向社会提供数字资源服务过程中。高校图书馆在采购数字资源时，数字资源提供商一般都会在数字资源许可使用合同中明确约定数字资源的授权范围、使用期限、使用方式以及违约责任等事项，如果图书馆违反合同约定面向社会提供数字资源服务，就可能因违约而侵犯著作权，并应承担相应的法律责任。例如，高校图书馆在未获得数据服务商书面授权的情况下，通过VPN（虚拟专用网络）向社会读者提供数据库访问权，就会因违反合同约定而构成侵犯著作权行为。再如，未经著作权人许可，高校图书馆通过网络向馆舍之外的社会读者提供电影、电视剧、录音、录像作品，或者将热播、热卖的影视作品、文字作品等置于对局域网外公众开放的网站首页或者其他主要页面上（仅提供原始链接服务的除外），就可能构成侵犯著作权行为，且因存在主观故意而成为主动侵权行为。值得一提的是，高校图书馆由于其具有的资源、人才、技术优势而成为向社会提供科技查新工作的组织机构，在网络环境下，网络数据库资源成了图书馆查新服务中的主要检索工具。高校图书馆对引进的网络数据库享有使用权，受到使用时间、使用地点以及使用范围的限制，超出限制就可能构成侵权行为。如果高校

---

① 罗伯特·考特,托马斯·尤伦.法和经济学[M].张军,等译.上海:上海三联书店,1991:185.

图书馆按照双方合同约定，在本馆的IP区域内进行检索、下载、打印已获使用权的数据库数据，不进行恶意批量下载，一般不会构成侵权。但是，如果高校图书馆违反合同约定使用数据库，如通过协议外IP地址进行检索，或者从引入的数据库中恶意下载或者套录数据建立自己的数据库，就将构成对数据库商知识产权的侵犯[①]。

第二，高校图书馆在社会化服务过程中被动侵犯著作权。高校图书馆被动侵犯著作权是指因社会读者不当使用他人作品而侵犯著作权时，图书馆因未尽到法定注意义务而被动承担侵权责任的情形。被动侵权主要因社会读者侵犯作品复制权和信息网络传播权而发生。根据《最高人民法院关于审理侵害信息网络传播权民事纠纷案件适用法律若干问题的规定》第七条第三款的规定，网络服务提供者明知或应知网络用户利用网络服务侵害信息网络传播权，未采取删除、屏蔽、断开链接等必要措施，或者提供技术支持等帮助行为的，人民法院应当认定其构成帮助侵权行为。据此，如果社会读者将他人享有著作权的作品（如电影、电视剧、文字作品等）通过图书馆网站或其主要栏目向社会传播的行为侵犯了信息网络传播权并承担法律责任，图书馆就可能因未及时断开链接或删除侵权作品，构成"帮助侵权"行为而承担连带责任。高校图书馆网站往往采取严密的安全防护措施，社会读者一般很难将文件进行上传，但是可以上传到图书馆一些开放性的栏目如BBS论坛或其他社会公众可以访问的栏目之中，对此图书馆应该予以重视，并采取有效的预防应对措施。

社会读者侵犯著作权行为。社会读者身份的特殊性增加了高校图书馆信息服务中的著作权侵权风险。"社会读者"之所以被称作社会读者，是因为他们是根据图书馆社会化的相关规定与图书馆建立起服务与被服务关系的社会公众，具有"社会公众"和"图书馆读者"双重身份，他们和高校之间没有归属关系，不是高校图书馆当然的服务对象。

社会读者的公众身份增加了高校图书馆著作权保护难度。所谓公众是指社会上的大多数人，而就本书来说，公众是指与图书馆所属高校无归属关系的社会上的大多数人。我国《著作权法》《信息网络传播权保护条例》等著作权保护方面的法律法规中的很多条文都与公众有关，特别是关于著作权侵权责任方面的规定。《著作权法》第四十八条中规定，未经著作权人许可，复制、发行、

---

① 张李江.科技查新服务中的法律问题探析[J].现代情报,2012(4):84-87.

表演、放映、广播、汇编、通过信息网络向公众传播其作品的（本法另有规定的除外），构成侵犯著作权行为，应视情况分别承担民事、行政或刑事责任。而《信息网络传播权保护条例》第十八条第一款规定，通过信息网络擅自向公众提供他人的作品、表演、录音录像制品的，将根据侵权严重程度分别承担民事、行政或刑事责任。高校图书馆要预防社会读者侵犯著作权行为的发生，必须了解社会读者侵犯著作权行为的主要表现。根据《著作权法》第四十七条、四十八条的规定，在高校图书馆社会化服务过程中，社会读者侵犯作品著作权的情形主要表现为歪曲、篡改、剽窃他人作品或者未经许可而改编、翻译、注释他人享有著作权的作品等。剽窃是一种严重侵犯著作权的行为，社会读者如果将从图书馆获取的作品改头换面当成自己的作品，或者在自己的作品中大量使用馆藏作品里的内容且未按要求标明作者姓名和作品名称等信息，将构成对他人作品的剽窃。社会读者以改编、翻译、注释等方式使用作品应符合《著作权法》的要求，需要获得著作人授权，并且支付相应的报酬，否则将侵犯著作权。保护作品完整权属于著作人身权的范畴，是著作权人享有的不受任何人侵犯的绝对权，如果社会读者将从图书馆获得的作品进行篡改或歪曲，就侵犯了作者的保护作品完整权[①]。

2.高校图书馆社会化服务过程中的著作权保护措施

高校图书馆面向社会提供文献信息服务，必须在法律规定范围内行使，如果超出法定范围，违反了相关知识产权规定，侵犯了权利人合法权益，即使是出于公益性目的，也可能会招致侵权诉讼的风险，所以图书馆必须谨慎应对，以防范侵权行为的发生。

第一，为了做好社会服务工作，高校图书馆可以对文献信息资源分门别类，对于一些已进入公共领域的文献信息资源加以整合、挖掘，可以面向社会用户开放使用。

第二，高校图书馆可以适用著作权例外许可制度。可适用于图书馆的著作权例外，是指图书馆依据《著作权法》的规定或者依据版权人让渡部分专有权的声明，不需要征得版权人的使用许可即可利用当前受《著作权法》保护的作品。图书馆的著作权例外依据来源可分为法定性著作权例外和声明性著作权例

---

① 王玉林.高校图书馆面向社会开放著作权保护研究[J].情报理论与实践,2014(9):35-38.

外。法定性著作权例外一般是由《著作权法》明确加以规定的情形,如"合理使用""法定许可"。起源于英国判例法的"合理使用"作为对著作权的一种必要的限制,是当前各国《著作权法》普遍采用的一种法律制度。因此,一方面,对于仍处于保护期内的文献资源,高校图书馆应该争取获得作者的授权方可向外传输,但是数量众多的文献,一一取得作者授权较为困难,成本也高,图书馆可通过著作权集体管理组织向作者支付使用费来争取其许可。美国高校图书馆与一些版权中介管理组织建立起常态化的业务联系机制,通过这些专业、规范的中介组织取得授权,不仅降低了成本,提高了效率,还为一站式授权创造了条件,从而为图书馆开展信息资源共享等服务提供了更加便利的条件。另一方面,高校图书馆争取权利人授权时,要尽可能获得包括复制权(包括数字化形式的加工、整合)、展览权、放映权、信息网络传播权等权利的使用权,强化权利人对授权的著作权瑕疵担保责任,努力减免图书馆在信息服务中可能承担的侵权责任。"法定许可"较之"合理使用"最显著的差异就是使用他人作品必须支付报酬,这激励了著作权人的创作热情,也有助于促进作品迅速、广泛传播。声明性著作权例外,是指图书馆根据版权人有关版权作品使用的自我声明即可享有的著作权例外。目前比较有名的声明性著作权例外是创作共享协议,共有六种情形①。随着声明性著作权例外的出现,可适于图书馆著作权例外的范围进一步扩大。例如,针对创作共享协议形式之一的"署名+非商业用途"声明性著作权例外,如果图书馆文献资源中捐赠作品的著作权人让渡了复制权,图书馆只要在保证著作权人署名且仅作公益性使用的情况下就可以制作该作品的复制件。事实上,受到"信息开放获取"潮流的影响,许多作者都会遵循创作共享协议,也愿意为了借助图书馆网络平台提升其作品的知名度而放弃初始阶段的盈利。对于"存储格式过时""市场上无法购买""明显高于定价""濒临损毁"等可数字化复制作品的判定标准在实践中也可以灵活掌握②。这就使得高校图书馆可借助声明性著作权例外为图书馆文献信息资源共享争取更宽泛的豁免条件。

---

① 创作共享协议六种情形:署名、署名+非商业用途、署名+非商业用途+相同方式分享、署名+相同方式分享、署名+禁止派生作品、署名+禁止派生作品+非商业用途。

② 王宇红.信息网络传播权的限制与图书馆合理使用:兼论我国《信息网络传播权保护条例》的完善[J].情报杂志,2009(2):175-178.

第三，高校图书馆要加大向公众开放的网站或栏目的监管力度。高校图书馆在社会化服务过程中的被动侵权，主要与社会读者未经许可而将他人享有著作权的作品通过图书馆网站向外传播有关。因此，高校图书馆应加大面向社会公众开放的网站或者主要栏目的监管力度，对社会读者通过图书馆网站传播的可能侵犯著作权的作品进行必要的处理，及时履行合理注意义务，规避过错构成要件，防范被动侵权的发生。例如，高校图书馆对于VPN用户身份的审核非常重要，因为很多电子资源数据库都有并发用户的限制，不合法用户会占用并发用户数，如果不能严格审核，就会造成访问权限的滥用，不但会导致合法用户不能正常使用，甚至无法使用，也会带来知识产权侵权等不必要的麻烦。因此，高校图书馆应该严格按照相关规定审核VPN用户身份，可以采用流量监测技术，对用户访问数据库的流量进行监控（这个流量一般要符合数据库商对流量最高限制的要求），发现异常及时采取措施，尽最大可能将非法用户排除在外。

第四，高校图书馆可以在网站首页或相关服务栏目的显著位置发布版权声明，让读者知道使用馆藏资源（尤其是电子资源）时的著作权注意事项，一旦发现被链接网站含有侵权内容或者收到权利人停止链接的要求时，应及时采取移除、断开网络链接等措施，以合理规避网络信息的侵权风险。这是高校图书馆避免因读者侵犯著作权而承担连带责任的重要方法。事实上，很多高校图书馆如中国人民大学图书馆、厦门大学图书馆等已在网站上发布了版权保护声明。

第六章　高校图书馆服务的法律保障

一、高校图书馆服务法律保障的必要性

图书馆的公益性质、图书馆的生存和发展以及读者的权益保护决定了图书馆的服务必须依靠法律加以保障，但是现有法律法规对图书馆服务没有形成有效保障，使得图书馆服务创新性不足，难以满足读者日益多元化的需求。因此，深入细致地探究图书馆服务法律保障的相关问题以及相应的具体措施，是非常必要的。

（一）由图书馆公益属性所决定

图书馆的公益性，是指图书馆所提供的信息资源和服务由人们共同占有和享用，它具有明显的不可分割性、非排他性和非竞争性。随着人类社会的发展和文明的进步，公益性、开放性逐渐成为图书馆的一般属性，尽管图书馆有了国家图书馆、专业图书馆、高校图书馆和公共图书馆等多种类型，但向公众开放、服务社会却是各个图书馆的共同点。早在17世纪，著名的图书馆学家诺德就有"图书馆不应只为特殊阶层服务，应该向一切愿意来图书馆学习的人开放"的观点。《公共图书馆宣言》指出："每一个人都有平等享受公共图书馆服务的权利，而不受年龄、种族、性别、宗教信仰、国籍、语言或社会地位的限制。"2008年，中国图书馆学会发布《图书馆服务宣言》，其中第二条指出："图书馆向读者提供平等服务。各级各类图书馆共同构成图书馆体系，保障全

体社会成员普遍均等地享有图书馆服务。"其核心就是每一个人都享有平等利用图书馆的权利。对图书馆事业而言，这一宣言的重要性不亚于西方文艺复兴时期提出的"天赋人权"的意义。也就是说，任何一个人，只要你存在于这个世界，就天然享有平等的图书馆利用权利①。公共图书馆是靠纳税人的税收建立的，图书馆向全体公民提供平等的、无差别的文献信息服务自然是应有之义。高校图书馆尽管主要是为本校师生提供服务，但这并不能抹去其公共服务设施的属性，因为无论是图书馆建筑实体、资源配置，还是业务经费和人员工资，大都由国家财政拨款，而国家财政归根结底来源于社会成员缴纳的税收。这是一个取之于民、用之于民的循环，从这一点上来讲，高校图书馆应当对社会提供公益性服务，而且是平等的服务。可见，高校图书馆作为图书馆的一个类型，有着图书馆的一般属性，而社会公益性就是其中之一。因此，图书馆的这种公益性必须从法律上加以保障，具体来说有以下两个方面：其一，要在法律上保障图书馆的公益性地位，确立图书馆是一个以公共利益为中心的公益性服务机构。图书馆提供的服务原则上是一种免费的服务，但不能因为是免费服务而人为地降低服务质量。同时，要为图书馆有偿服务项目的开展提供一定的法律依据。例如，美国在1925年就制定了《图书馆法》，保障图书馆生存的合法性和连续性。1997年，美国政府还颁布了《图书馆服务与技术法案》，其主要目的就是促进图书馆之间及其与教育性机构之间的网络化建设，对享受不到图书馆服务的人，特别是对贫困家庭中7岁以下的儿童提供服务。其二，鉴于图书馆的公益性，要在法律上、政策上给图书馆的发展提供一些绿色通道，从不同方面、不同渠道对图书馆管理与服务工作予以支持与保护。例如，经费的投入、资源共享中的知识产权保护以及高校图书馆的社会化服务②，都需要法律明确加以界定，尤其是在全民阅读环境下要加强对弱势群体的保护。阅读弱势群体是指因身心原因无法常规阅读的人群和因为某些原因无法正常利用一般阅读设施的人群，包括阅读障碍患者、文盲、残障人士、囚犯、农村贫困人口以及边远地区人口等。同时，法律还应该特别规定图书馆对于弱势群体的知识援助和图书服务，以保证弱势群体的图书需要。

---

① 田红.高校图书馆公益性社会服务探讨[J].图书情报导刊,2016(4):22-24.

② 张珍.论图书馆服务法律保障的必要性与可行性[J].大学图书情报学刊,2009(4):11-14,29.

（二）是实现图书馆可持续发展的客观需要

图书馆可持续发展，必须依靠法律来加以保障。完善的法律保障体系对图书馆事业发展的促进作用主要体现在以下几个方面。第一，健全的法律保障体系可以为图书馆发展提供稳定、持续的经费保障。有了可靠的经费保障，图书馆事业的社会效益才能有生发之地。虽然图书馆是一个相对独立的搜集、整理、保存、利用文献资源的机构，但是图书馆作为服务性单位并不能直接产生经济效益。因而图书馆行业并不直接创造社会价值，它对社会发展的作用往往是间接的。图书馆具有经济上的依附性，一旦失去了经济上的依附，就无法实现可持续发展。因此，需要通过法律明确政府对图书馆的财政责任，才能保障图书馆发展所需要的各种内部、外部的条件，如人员工资、购书经费以及设备购置费用等。第二，健全的法律保障体系对图书馆事业可以起到很好的引导、促进作用。图书馆法律保障体系建设，可以使图书馆事业在规范的内外活动中系统、有效地运行，能够对图书馆事业各项参与主体的权利、义务进行界定，使其合理、有序地使用图书馆的各项社会职能，同时也能够规范图书馆与其他部门、图书馆上下级系统之间的权利和义务，促使图书馆良性运行和协调发展。第三，健全的法律保障体系可以凸显图书馆事业的社会作用。图书馆事业作为社会弱势行业，必须依靠同时具有"惩恶"及"扬善"作用的法律保障体系，让图书馆的社会效益更直观、更主动地显现出来，使人们科学、合理地认识图书馆事业，改变人们对图书馆事业既有的、僵化的思想认知，使人们更加愿意走进图书馆、留在图书馆、宣传图书馆，使"弱势"变"强势"、"隐性"变"显性"。第四，健全的法律保障体系还能解决我国图书馆重复建设、共享资源缺失的问题。近年来，资源共享是当代许多国家制订图书馆制度的核心。当前我国许多图书馆资源建设陷入了一定的怪圈，究其原因，一方面是馆藏资源的匮乏，另一方面则是资源的重复投入与建设。建立科学、合理的法律保障体系，使众多图书馆在资源共享与服务方面互通有无、协调发展、合理共享，既节约了社会资源，也能将图书馆事业的社会效益最大化。

（三）是维护读者权益的必然要求

图书馆的服务必然涉及读者权益的保障。作为公益性服务机构，图书馆的各种投入归根结底来源于社会公众，社会公众应该成为图书馆服务的受益者和最直接的服务对象。但在我国图书馆服务实践过程中，读者享受图书馆服务首先需要到图书馆办理借阅证及其他相关证件；而图书馆为了管理的需要，往往通过制定读者守则、借阅规则来约束读者，维护有序的借阅秩序，而这些守则和规则更多是从义务角度来规范和限制读者，对于读者权利的重视与保护则较为缺乏。此时的读者相对于图书馆来说，事实上处于弱势地位[①]。权利或权益在很大程度上是一个法律用语，读者权利的实现也必须通过法律加以保障。现有的法律法规很少对读者的图书馆权利进行具体可行的规定，大多是间接或原则性的表述，仅是一种应然权利，不利于实际操作。公民利用图书馆自由进行文化活动的权利是宪法原则性规定下的法律、规章的具体规定。《公共图书馆宣言》中将公民享有图书馆服务列为基本人权之一，指出："每一个人都有平等享受公共图书馆服务的权利，而不受年龄、种族、性别、宗教信仰、国籍、语言或社会地位的限制。"1997年10月，中国政府签署了《经济、社会及文化权利国际公约》，该公约规定公民有"受教育权"、"参加文化生活"的权利、"享受科学进步及其应用所产生的利益"的权利。该公约要求签署国应当"尊重科学研究和创造性活动所不可缺少的自由"。上述公民权利的实现无不与人们行使自由获取知识与信息的权利密切相关。2014年，中国政府在《中国人权事业的进展》中表示，"采取有效措施保障公民获得公平发展的机会，让更多人分享改革发展的'红利'，促进公民的经济、社会和文化权利得到更好保障"，"教育公平得到更好落实"，"努力发展有利于人权保障与实现的各项事业，让每个人都能发展自我和奉献社会，共同享有人生出彩的机会，共同享有梦想成真的机会，共同享有平等参与、平等发展的机会"。基于上述立法精神，在图书馆服务实践中，"以人为本、读者第一"的观念确实在图书馆界越来越深入人心，它有力地推动了图书馆建设、管理与服务工作的开展与进步。

近年来，各类图书馆在如何更好地为读者提供服务方面进行了有益探索与实践，也的确做出了一定的成绩，如延长图书馆开放时间、优化图书馆阅览环

---

① 张珍.论图书馆服务法律保障的必要性与可行性[J].大学图书情报学刊,2009(4):11-14,29.

境、简化借阅手续、提升服务智能化等。然而，从更高的层面上看，图书馆如何真正把读者应当享有的基本权利和捍卫这一权利作为自己的根本职责辩证科学地统一起来，把读者在图书馆享有的"应然权利"变成"实然权利"，还有待进一步改进与完善。在现实中，图书馆往往以支配者与管理者的身份自居，忽视了对读者权利的保护，而图书馆的规章制度通常是由图书馆单方面制订，在制订的过程中没有读者的参与，没有体现读者的意愿，所以，图书馆的管理制度未能真正体现"以读者为本"，而且很多制度尚不完善，甚至有些规定还与法律法规相冲突，造成了读者某些权利的缺失等问题，从而制约了读者享受图书馆权利的实现。如何在图书馆实际服务管理中发现并有效解决这些问题，最根本的是要加快图书馆法的立法步伐，让图书馆与读者的权利和义务通过立法的形式明确并详细加以规定，以便最大化地体现其可操作性。当前，各类图书馆应对照宪法、民法等法律法规，对现行图书馆规章制度中违反法律法规的条款进行修订，切实保障读者的权利。法律法规的建设是图书馆实行民主和科学管理的基本保证，也是图书馆事业走向先进的重要标志。

二、高校图书馆服务法律保障的现状

（一）高校图书馆馆员法律意识淡薄

法律意识是人们对于法律现象的思想、观念、知识和心理的总称，它表现为人们对现行法律制度的评价、了解以及运用，对自己的权利和义务的认识，以及对行为是否合法的评价，等等。法律意识是社会意识的一种特殊形式，为图书馆服务提供了一种权利和义务的思维范式，也为图书馆服务工作健康发展奠定了思想基础。然而当前高校图书馆馆员法律意识较为淡薄，这不仅影响图书馆的发展，也不利于馆员自身及读者权益的保护，因此，有必要提高馆员的法律意识，促进图书馆事业的健康发展。

造成高校图书馆馆员法律意识淡薄的原因有多种，主要表现为以下两个方面：其一，对图书馆法律法规的重要性认识不足。图书馆服务类型随着图书馆的发展呈现出多元性，为了更好地完成服务工作，图书馆馆员往往会加强图书情报学专业知识学习，侧重专业技能的提高，但是对法律法规在图书馆服务工作中的重要地位缺乏正确的认识。殊不知，法律约束始终贯穿于图书馆服务工作的全过程，无论是文献传递、馆际互借、科技查新、参考咨询以及社会化服务中的知识产权保护，还是贯穿借阅、管理、整理过程的读者隐私权保护，都要受到法律的规范与制约。由于对图书馆法律法规的重要性认识不足，忽视对法律知识的学习，有些馆员在服务过程中往往因法律知识的缺乏而难以厘清服务工作中各种复杂的法律关系，导致触犯法律、侵犯他人合法权益的事情发生。其二，缺乏系统、必要的法律知识培训。高校图书馆事业迅猛发展需要高素质的人才队伍，不可否认的是，高校图书馆普遍加大了对馆员的培训力度，但无论是岗位培训，还是职称培训都注重专业知识和业务技能的提升，几乎没有涉及与图书馆工作相关的法律法规的内容，如《著作权法》《专利法》《信息网络传播权保护条例》《计算机软件保护条例》以及一些知识产权保护国际公约、国际协议等。而国外有些发达国家的馆员培训不仅注重培训形式的多样化，如专题学习、主题讨论、网络学习等，还重视培训内容的广泛性，尤其注重包括法律知识在内的人文素养的培养，这一做法值得我们借鉴学习。我国长期以来重专业技能、轻人文素养的馆员培训，使得大多数馆员对图书馆法律法规一知半解，甚至是"空白"，在与读者或者著作权人产生法律纠纷时，常常不知所措，同时也不能将《普通高等学校图书馆规程》第三十三条"图书馆应制定相关规章制度，引导用户遵守法律法规和公共道德，尊重和保护知识产权"的规定落到实处。法律意识作为现代法治精神的思想基础，其形成既是润物无声的自然发展过程，又是人们有意识地精心培育的结果。因此，图书馆要注重对馆员进行长期、系统的法律知识培训，不断强化馆员的法律意识。

（二）高校图书馆法律法规尚不完善

虽然图书馆专门法、图书馆相关法、图书馆行业自律规范以及相关的国际公约等组成的图书馆服务法律保障体系建设已初显成效，但也存在诸多问题，主要表现为法律法规不完善且缺乏系统性和协调性，不能对图书馆服务的法律保障形成有效支撑。第一，图书馆专门法是指由国家立法或行政机关制定或认可，以国家强制力保障实施，专门调整图书馆活动中涉及的各种社会关系，并且平衡相关活动主体利益的行为规范系统。目前我国全国性的图书馆立法有

《公共图书馆法》（2018年1月），地方性的图书馆立法主要有《广西壮族自治区公共图书馆管理办法》（2000年7月）、《浙江省公共图书馆管理办法》、《北京市图书馆条例》（2002年7月）等。系统性的图书馆立法成果主要包括教育部《普通高等学校图书馆规程》、文化部《省（自治区、市）图书馆工作条例》、《中国科学院文献情报工作条例》，此外，还有一些以部委行政法规形式颁布，具有法律效力的有关图书馆的服务标准及业务规范等，如《中国图书馆图书分类法》《普通图书著录规则》等。第二，图书馆相关法是指图书馆服务适用的其他法律法规，如《民法》《刑法》《劳动法》《著作权法》《信息网络传播权保护条例》以及一些司法解释等。第三，图书馆行业自律规范不是法律，只能说是行业性的"社会契约"，国外学者称之为"自主性、自立性规范"或"准法律"。我国2002年11月颁布的《中国图书馆员职业道德准则》以及2008年10月颁布的《图书馆服务宣言》，对图书馆从业人员职业道德规范作了提炼，构成了图书馆行业自律规范的基本框架。虽然图书馆行业自律规范没有法律规范那样具有强制性的约束力，但也是我国图书馆法治环境的重要组成部分，对我国图书馆从业人员职业道德的培养具有重要作用，有利于提高图书馆从业人员的职业道德水准，加强行业自律，更好地履行图书馆服务职责。第四，与图书馆有关的国际公约主要包括《世界版权公约》《经济、社会及文化权利国际公约》《儿童权利公约》《伯尔尼公约》等，这些国际公约是我们完善图书馆立法的重要参考，为图书馆服务提供了一定的法律遵循。

　　从以上对图书馆社会化服务现行立法的介绍来看，无论是全国性公共图书馆立法，还是地方性图书馆立法，更多关注公共图书馆，其中地方性图书馆立法表现尤为明显。这一方面说明地方性图书馆立法缺乏协调性，地区性系统之间的资源共建共享和服务互通还不够；另一方面说明地方政府对本区域内属于自己管辖的公共图书馆更加重视，而对本地域内不属于自己管辖的高校图书馆则关注较少。系统性图书馆立法更关注本系统的图书情报事业，如教育部《高等学校图书馆规程》只在第二十一条中提倡性地规定"有条件的高等学校图书馆尽可能向社会读者和社区读者开放"，文化部《省（自治区、市）图书馆工作条例》规定了省（自治区、直辖市）图书馆"是向社会公众提供图书阅读和知识咨询服务的学术性机构"，虽然实施主体也没有局限于公共图书馆系统，但都只是对图书馆社会化服务的引导，缺乏明确的、硬性的约束。图书馆相关法覆盖面很宽，但侧重规定图书馆的义务，却很少涉及图书馆为完成这些义务所需要的权利。例如，《著作权法》第二十二条规定，图书馆为陈列或保存版本的需要而复制馆藏文献，可以不经著作权人同意，也不支付报酬。但图书馆主要是为了满足读者需求，并非是为了陈列和保存的需要而提供复制服务，可见，该规定虽然与图书馆密切关联，但是对图书馆服务意义不大。又如，《教育法》第五十条规定："图书馆……应当对教师、学生实行优待。"《残疾人保障法》第四十三条中规定："文化、体育、娱乐和其他公共活动场所，为残疾人提供方便和照顾。"《科学技术普及法》第十六条第二款中规定："科技馆（站）、图书馆博物馆、文化馆等文化场所应当发挥科普教育作用。"这些法律只规定了图书馆的义务，与图书馆专门法往往侧重规定图书馆权利形成鲜明对比，说明图书馆的相关法与专门法的协调与衔接是一个重要且亟待解决的问题[①]。《中国图书馆员职业道德准则》《图书馆服务宣言》作为由中国图书馆学会制定的图书馆从业人员职业自律规范已经正式发布，但各馆既要通过各种形式大力宣传《中国图书馆员职业道德准则》的内在精神和重要意义，又要结合实际制定本馆的实施细则，还要根据《中国图书馆员职业道德准则》的基本内容制定、修改和完善与其相配套的规章制度，单就行业自律规范建设而言，任重道远。我国虽然已加入了部分与图书馆有关的国际公约、协定等，但与图书馆有关的相关国际法文件多达几十部，我国图书馆法治建设完全与国际接轨还有很长的路要走，而如何尽快加入、签署有关国际公约等，将是我国图书馆法律保障体系达到世界先进水平，从而保障我国图书馆事业也尽快达到世界先进水平的重要步骤。

（三）高校图书馆制度建设滞后

图书馆制度是图书馆的支撑系统，是图书馆事业建设和发展的中轴，是图书馆服务有效开展的基础和保障。如果图书馆制度具有科学性和前瞻性，就可以推动图书馆事业的发展，促进图书馆管理的规范化、科学化。反之，如果图书馆制度落后僵化，则将阻碍图书馆事业的发展。图书馆事业实现持续稳定发展，需要人力资源、文献资源、设备资源和制度资源的共同支撑，而这些资源建设又离不开合理的制度安排，图书馆可通过制度的途径对图书馆的各种资源

---

① 荣红涛.我国图书馆法律保障体系现状评价与展望[J].图书馆,2008(3):17-20.

进行优化配置，使其发挥更大效益，促使图书馆事业持续稳定发展。

高校图书馆制度是指高校图书馆内部有关图书馆组织和人员行为的法规和标准的总和。它包括：①组织制度。组织制度规定图书馆的地位、机构设置、人员编制、职责权限、活动原则以及对部门进行变更的程序等，如《普通高等学校图书馆规程》《公共图书馆规程》等。②行政管理制度。行政管理制度是针对图书馆人事、财务、后勤、安全等行政管理事务而制定的行政规范和行为准则。③岗位责任制度。岗位责任制度是指根据图书馆各个岗位的任务、性质和特点进行责权划分，明确规定其责权范围，并按照规定的考核标准进行奖惩的制度，如《图书馆馆长岗位责任制》《办公室主任岗位责任制》等。④业务性规范。业务工作是图书馆的核心工作，业务性规范侧重于对图书馆具体业务工作的标准进行规范。业务性规范主要涵盖文献信息工作的采访、编目、典藏、流通、阅览、咨询、查新等相关制度，应为它涉及图书馆业务工作的众多环节甚至管理层面，如技术服务，所以在图书馆制度体系建设中占有较重的分量。建立完善科学的业务性规范，有助于图书馆更好地开展业务工作和推进业务管理。业务性规范由业务工作制度与业务工作细则组成，业务工作制度主要包括《书目数据规范制度》《图书典藏与复审规范制度》等，业务工作细则主要包括《中文图书采购细则》《中文图书分编细则》《电子出版物分编细则》等。⑤读者服务规范。它主要明确读者利用图书馆的权利和义务，体现图书馆服务至上的原则和主客体的相互依赖关系。以上五个方面共同构成相互联系、相互制约的图书馆制度体系。影响高校图书馆服务质量与工作效率的因素是多方面的，其中高校图书馆制度的健全与否是一个重要的因素。

目前多数高校图书馆没有建立起健全的管理制度，已经滞后于图书馆事业发展的实际需要，主要表现为以下几个方面：

第一，资源共享的法律规范缺失。资源共享是图书馆事业发展的现实要求和必由之路。目前我国图书馆大都各自为政，不同系统图书馆之间在管理和协调上困难重重，项目重复建设，资源共享成效不大。这一方面是由于受我国现行管理体制的制约；另一方面，在资源共享、馆际协作方面也缺乏相应的立法规范，没有把图书馆的资源共享、图书馆之间的协作以法律的形式规定下来。信息时代，高校图书馆仅凭一己之力打造内容丰富、自由存取和结构合理的复合型图书馆，既缺乏现实性，又缺乏可能性。目前，虽然全国以地区为中心建立起38个高校图书馆联盟来开展诸如特色数据库共建共享、馆际互借、馆员交流等合作服务项目，但由于没有相关制度作保障，收效甚微，而现实中比较突出的网络安全、数字化资源共享建设等方面的问题都没有涉及。从我国目前颁布的法律法规内容来看，对数字资源建设的规定内容很少。根据网络调查，只有很少的高校图书馆在制度中对数字资源建设略有规定，对当今较为突出的网络安全、数字化资源共建共享等问题都没有涉及。而通过图书馆合作的法律机制，可以改变目前多头行政管理体制影响图书馆协调发展的状况，加强各类型图书馆之间的交流与合作，既可以避免各馆各自为政、重复建设的低效率状态，也有利于资源共建共享服务的开展。

第二，知识产权规范缺失。随着数字化、网络化、自动化图书馆的加速建设，网络安全、资源共建共享等涉及知识产权保护的问题日益凸显。尽管国家有关知识产权保护的法律法规、条例相继出台，但多数高校图书馆没有将其列为图书馆制度建设的重点。图书馆制度建设没有跟上时代变迁而表现出的滞后性，反映出图书馆对制度滞后带来的后果认识不足，而《著作权法》和《信息网络传播权保护条例》等知识产权法律规范也在一定程度上制约了数字环境下图书馆知识产权保护工作的运行与发展。因此，我们制定的图书馆法必须考虑现行知识产权法对图书馆的影响，有必要对图书馆服务中的知识产权问题进行规范，研究合理使用、法定许可等原则在图书馆中的具体适用，做到既能够合理使用文献资源，又能够更好地保护好知识产权[1]。

第三，读者权益保障制度缺失。虽然图书馆以"读者至上，服务第一"为宗旨，但是图书馆损害读者权益的现象时有发生。例如，有的图书馆工作人员服务意识不强，对读者服务时态度不礼貌；有的图书馆开放时间不科学，不考虑读者的客观需要；有的图书馆将读者进行区分，实行差别化服务。从整体上看，图书馆服务中保障读者权益的问题基本上还停留在职业道德的层面。这些现象之所以发生，主要原因有两个方面：其一，缺乏监督机制。法律的有效实施离不开监督。就高校图书馆而言，虽然许多高校图书馆都制定了文明服务公约、服务承诺、岗位职责等，且内容详尽，但在具体实施中则显得监督机制不完善或根本没有，无论是学校层面还是读者层面的监督，都较为缺失，这样就导致部分岗位职责、服务承诺等成为一纸空文。因此，学生读者权益受到侵害

---

① 陈传夫，刘杰.图书馆制度建设的法制化路径[J].图书馆论坛,2007(6):231-235,12.

时，也就无从获得相应的解释与补偿，最终只有忍气吞声。其二，缺乏救济机制。有权利就必须有救济，无救济则无权利。任何权利如果没有救济机制加以保障则容易沦为空白支票。当前我国纠纷解决体系中存在调解、仲裁、诉讼等诸多权利救济机制。然而我国现行图书馆立法不仅没有体现这些权利救济机制，也没有明确规定举报、控告、投诉等措施。相反，即使图书馆违反前述立法不提供或不完全提供基本服务，最多承担上级部门责令改正或行政处分的责任。实际上，这种内部追责机制也极少得到应用。投诉能在一定程度上和一定范围内解决某些问题，但这种投诉方式在实践中能起到多大的作用和效果，还因不同的高校图书馆管理层而有所不同，因此，现行立法存在严重袒护图书馆及其管理人员的嫌疑①，起不到相应的规范与惩戒作用，也不能解决问题。

第四，馆员权益保障制度缺失。图书馆制度是规范图书馆主体即读者和馆员两方面权利与义务的。为更好地服务于读者，必须维护馆员的权益，需要将诸如馆员的培训、晋升、奖惩、科研以及职业发展规划等在制度中明确规定，最大限度调动馆员的工作积极性。调查中，仅4%的高校将馆员的权益制度化。图书馆事业作为一项重要的基础公共服务工程，其工作有着较高的专业性要求。特别是当前的信息时代，高素质的图书馆人才在文献的整理、搜集、处理和辅导用户利用信息等方面起着举足轻重的作用。图书馆只有具备了高素质的专业人才，才能更好地做好图书管理和读者服务工作，才能避免图书馆成为藏书库。然而，长期以来，由于图书馆的性质以及社会各界对图书馆工作的误解，加上图书馆职务升迁以及职称竞聘方面的局限，图书馆人才外流现象严重，青年人才越来越少，导致图书馆事业的发展受到严重阻碍。因此，只有完善图书馆制度建设，如图书馆员职业资格认证制度、馆员职务竞聘制度等，吸引和激励更多的年轻人才选择图书馆事业、喜爱图书馆事业、扎根于图书馆事业，才能让图书馆事业蓬勃发展。

第五，图书馆安全制度缺失。高校图书馆是大学生的"第二课堂"，是学生聚集的重要场所。安全问题是高校图书馆管理工作的重中之重，它不仅关乎图书馆馆藏资源的安全问题，更关乎读者与馆员的生命安危。现在高校图书馆普遍实行开放借阅，虽然开放借阅大大提升了文献借阅效率，满足了读者的借

---

① 刘澍.公共图书馆与读者法律关系新论：兼论《公共图书馆法（征求意见稿）》的修改[J].图书馆论坛,2016(4):44-49,27.

阅需求，但也增加了图书馆的安全管理难度。事实上，近些年来图书馆出安全事故偶有发生，如图书馆自修室电器故障引发着火事故、图书馆自习室墙皮脱落砸人事故、图书馆发生电梯滑落事故等①，这些与高校图书馆安全制度不完善、安全意识不高等有关。在强化"以人为本"的今天，安全问题应引起图书馆界的高度关注，图书馆必须通过健全安全管理制度、加强馆员与读者的安全意识教育、强化安全培训、制定应急预案等措施来预防和减少图书馆安全事故的发生。

三、高校图书馆服务法律保障的措施

（一）强化高校图书馆服务的法治思维

随着社会的进步和公民法律意识的增强，人们在社会实践过程中逐渐意识到用法律来规范自己的行为和衡量他人的行为。党的十八大报告中提出了"法治思维"，具有划时代的意义。高校图书馆也应当将法治思维方式应用到图书馆管理服务全过程之中。高校图书馆管理法治思维的核心在于约束、限制利益各方任意行使权力，要求图书馆从业人员时刻牢记用法律标尺来衡量自己的行为，在切实维护自身、读者、信息产品提供方等各方利益的前提下，推动图书馆的变革与可持续发展。

（1）规则思维。法治思维，首先就是规则思维，要求考虑问题、处理事务、解决矛盾、推进发展等各项工作都要以众所周知的规则为标准，在规则的框架范围内实现预定目的。这其中，规则意识在规则思维中发挥着基础性作用，决定着思维行动的走向。在高校图书馆服务管理中提倡规则思维，就是要认同、尊重、遵守以及实践相关部门制定的高校图书馆服务管理规则，依据规则具体分析所遇到的问题，从而推动问题的理性解决。为了保证规则的科学、合理，在制定规则的过程中应当最大限度吸纳各利益主体尤其要倾听读者的意见，在此基础上制订出符合自身发展实际的图书馆管理规范。规则思维倡导相同情况同等对待的平等思维，提倡规则思维，就要警惕以结果取向替代规则取

---

① 卢东霖.图书馆安全事件成因浅析[J]图书馆工作与研究,2018(5):59-63.

向。"管用即可用""摆平就是水平""搞定就是稳定",这些都是严重缺乏规则思维的体现。例如,在高校图书馆职称评审中,职称评审组指定的评审规则在一定时期内应保持稳定性、连贯性,切忌人为随意调整或修订职称评审标准,导致法制思维流于形式。再如,图书馆超期罚款,应基于主客观两方面考量来构建对供需双方都有益的制度框架,以期促进图书馆与读者的和谐关系。例如,可通过建立基础保障定期检修制度、强化职工教育培训制度等,尽力减少图书馆因系统设备故障、工作人员失误等自身原因而造成超期罚款的可能性。为此,图书馆需要学习规则、认识规则、掌握规则,在运用、实践规则的过程中满足需要、维护权益、推动发展。

(2)权力制约思维。图书馆要树立正确的权力运行观,强化权力制约意识,以法律规范自己的权力。2010年,某大学图书馆原馆长和原技术部主任利用职务便利,收取贿赂,帮助电子设备商中标,均被认定犯受贿罪。2008年1月,某大学的一名学生因使用图书馆网络与巡视的图书馆副馆长发生冲突,副馆长被指打伤学生。这些事件说明高校图书馆工作人员在维护图书馆的管理秩序,处理与读者矛盾与冲突时一定要理性,不能侵犯读者的人身权与财产权。也有一些高校图书馆在入馆要求中,过分限制大学生读者的权利,有的甚至限制大学生读者利用图书馆的权利。这些做法忽视了图书馆的服务性质,也是对读者图书馆利用权的不尊重。当然,读者的权利具有相对性与平等性,某一读者权利的行使,应以不损害其他读者权利为前提。例如,读者在图书馆里大声朗读,使其他读者的权利受到侵害,如果禁止其出声,则该读者个人的绝对权利受到了侵害。因此,需要对读者权利行使确定一个合理的尺度,促使读者承担必要的责任,共同维护图书馆的秩序、安全等。有学者提出,限制读者权利应该遵循正当性、最低性和不贬损原则,即限制要合理合法,限制要取最低要求,也不能以任何条件为限制而剥夺读者权利[①]。

(3)权利保障思维。服务是图书馆的存在价值,高校图书馆服务就是为了在保障本校读者平等、自由获取信息的基础上,兼顾面向社会服务,实现最大的社会效益。而在重视人文服务的当今社会,图书馆重视读者权利保障,对图书馆服务水平提出了更高的标准,能够推动图书馆形成以人为本、以读者权利为本的工作思想。其一,要尊重和保障读者的人权。尊重和保障读者的人权,

---

① 闫智勇.高校图书馆制度与大学生读者权利冲突的成因探析[J].高校图书馆工作,2013(2):59-63.

并不是对个别违反管理秩序的读者的放任，而是要友情地提醒，善意而不厌其烦地引导。图书馆应强化服务理念，注重人文关怀，以积极、包容的心态，润物无声地教化学生成长、成才，而不是一味以预防、限制、惩罚为手段来消极地对待学生读者。其二，要保障高校图书馆服务中多元主体的多元利益。高校图书馆服务中涉及馆员、校内外读者、数据供应商、服务提供商。读者可以按身份分为教师、学生与社会读者，可以按阅读方式分为纸质阅读用户、数字阅读用户。高校图书馆利益主体具有多元化、多层次的特点。利益主体多元化的格局决定了高校图书馆要注重保护多种主体的利益。

（4）责任思维。责任思维，简而言之，就是凡事应积极履责、遵守规范且勇于担当的态度。《普通高等学校图书馆规程》就是以法律责任的形式，明确高校图书馆的政治责任及社会责任，同时还要求高校图书馆要依法履职、规范履职。据此，高校图书馆广大工作人员要积极履行职责、敢于担当责任。2016年7月，曾被列入"中国高校最美图书馆"的云南师范大学图书馆向毕业生免费开放永不过期的终身"书房"。该在线书房目前"有10万册数字图书和3万集有声图书，且每年更新图书资源2万册、听书资源2000集"。这种将文献资源为社会所用的服务创新举措，突破了服务对象仅仅局限在校内的限制，体现了敢于担当的勇气和社会责任意识，广受社会赞誉①。另外，高校图书馆应通过完善责任制度体系建设，健全责任追究机制，强化馆员责任意识，并将责任意识贯穿落实到图书馆服务的各个环节。

（5）程序思维。2007年，某高校图书馆原馆长刘某获刑三年案引人深思，起因是该高校图书馆对国家体育总局购买本馆的图书使用了一张某大学出版社的发票。程序上的漏洞，致使刘某采用收款不入账的手段贪污1.85万购书款②。由此可见程序思维对于图书馆顺利开展各项工作的重要性。程序思维就是不断强化规定的步骤、顺序、方式，用正当的工作程序，确保堵塞工作上的漏洞，使结果正当化。程序思维有利于高校图书馆管理服务制度的公开透明，促使高校图书馆在保障自身权利的同时，制约权力的滥用，保障读者权利得以实现。高校图书馆在制定涉及学生重大利益的相关制度时，是否告知学生规则

---

① 云南师大向毕业生赠终身"书房"：有十万册数字图书和三万集有声图书［N］.中国青年报,2016-07-04.

② 何晓林.大学图书馆管理法制思维的基本要求［J］.科教导刊,2016(31)：177-178.

的内容和违反规则的后果，是否告知学生做相关决定的依据以及学生可以争取的救济措施等，都是高校图书馆服务是否适用程序思维的重要标志。

当然，法治思维的培育并非一朝一夕可以完成，需要多方面的共同努力，重要的是要加强法律宣传，让法治精神、法治理念贯穿于高校图书馆服务的每一个环节，让现代法律原则、法治精神深深扎根于每个馆员的脑海之中，让图书馆更有吸引力。另外，高校图书馆还要积极营造良好的法治文化氛围，让馆员充分认识法律法规在服务实践中的重要指导作用和规范作用，把依法办事作为履行工作的基本准则，摒弃"人情关""面子账"等旧习俗，让法律成为衡量做人做事的唯一标尺。因此，高校图书馆要支持、鼓励馆员学习法律法规知识，改变过去重业务技能培训、轻法律知识学习的模式，将相应法律法规知识纳入岗位培训或者业务培训之中。高校图书馆可采取丰富灵活的培训方式，使培训效果最优化。例如，利用自身技术手段，通过移动图书馆、微博等途径开辟自学法律的网络阵地，满足馆员多样化的学习需求；为避免培训的枯燥与呆板，可以请专家就图书馆涉案实例进行讲解，使馆员有真实的介入感；可以安排馆员去本校相关专业插班听课或者选修相关专业公共课，既省时又经济，这是馆员增强法律意识的有效途径之一。总之，通过宣传与培训，不仅可以让馆员知法，使其在一定程度上了解在为读者服务中涉及的法律法规，不致使自己的服务行为逾越法律的红线，更重要的是让馆员懂法，懂得如何按照法律原则和精神规范自己的行为、协调自己与读者的利益关系。这不仅可以使图书馆工作与活动有法可依，能严格规范馆员的行为，也有利于培育馆员的法律意识，预防法律风险，保护读者及自身的正当权益。

（二）加快高校图书馆服务立法的完善

我国建设"法治国家"的号角已经吹响，"依法治馆"也是现代图书馆发展的必由之路。图书馆事业最终还是要落实到服务上，图书馆事业的平稳发展、图书馆服务的顺利实施都与完善的法律保障息息相关，这也是图书馆事业发达国家通行的做法。例如，美国从联邦立法、州立法到图书馆协会的规章制度都有关于强化图书馆服务的规定，而且这些图书馆相关法律与教育法等相关法律能够相互协调、相互补充，共同构建起图书馆事业发展的制度保障体系。日本也以《图书馆法》为核心，结合各项改善要项和基准，形成了一个相对完整的法律体系，各项法律各司其职，相互联系，互为补充，及时更新，有力促进了图书馆事业的健康发展。多年来，尽管我国相继颁布了各种法规、条例、管理办法、规范等，推动着我国图书馆事业的发展，保障了属于图书馆的一席之地。但究其根本，这些法律规范存在着实用性不强、操作指数低、规范控制作用不明显等问题，各项法律之间起不到相辅相成的作用，随着时间的推移，已愈发不能满足现代图书馆建设与发展的需要。如今图书馆社会化服务、读者隐私权保护、弱势群体阅读权保护等已成为图书馆立法亟待解决的问题，因为这些问题致使图书馆在开展具体服务活动时因无法可依而变得缩手缩脚，甚至畏葸不前。因此，我们应立足长远、放眼未来，尽快完善与图书馆相关的各种法律。

第一，在完善图书馆法律保障体系时，既要坚持统筹协调原则，处理好立法的近期目标与长期目标的关系，制定出当前最迫切需要的图书馆法律制度，并且使之与中期、长期立法紧密结合，形成有机整体，统一于整个图书馆法律体系，又要处理好国家图书馆法律与地方性图书馆法规的关系，同时要考虑到我国区域经济文化发展情况的差异性，使地方性图书馆法规符合地方经济社会发展实际情况，更具有可操作性。在建设法治社会的大背景下，虽然我国2018年1月施行的《公共图书馆法》第四十八条第二款规定，国家支持学校图书馆、科研机构图书馆以及其他类型图书馆向社会公众开放，但是公共图书馆与高校图书馆在服务对象、服务项目、服务方式以及资源配置多方面有所不同。《公共图书馆法》仅为"支持"高校图书馆面向社会开放的引导性规范，难以形成对公共图书馆那样的强制性约束力，法律依据的不足是我国高校图书馆社会服务进展缓慢的重要原因之一。在日本，由于《图书馆法》中没有体现学校图书馆，于是根据实际需要专门出台了《学校图书馆法》，该法明确了学校图书馆的职责、功能，奠定了学校图书馆的地位，为日本学校图书馆事业的发展打下了基础。我国可以借鉴日本的做法，专门出台《学校图书馆法》或者将高校图书馆纳入《公共图书馆法》的适用对象中。这不仅可以使高校图书馆服务管理有法可依，也有利于培育馆员的法律意识，规范馆员的行为。

第二，要处理好图书馆专门法与配套规章制度的关系，做好二者之间的沟通，以利于解决二者在实施中的配套衔接问题。图书馆专门法就法律内容来说，应该是确立基本原则，阐释基本观念，规范基本环节，建设基本制度。图书馆专门法虽然在宏观上起到指导作用，但在具体的执行和实施过程中肯定会遇到这样或那样的问题，如何在操作层面来解决这些问题，还必须依靠与专门法相配套的实施细则与实施条例。图书馆专门法出台后，与之配套的实施细则等规章制度要紧跟其后。制定相宜的配套规章制度，对每一部图书馆法律的实施都是至关重要的。正如莎士比亚所说："我们把法律当作吓人的稻草人，让它安然不动地伫立在那里，鸟儿们习惯后，终会在它的顶上栖息而不再是对它害怕。"其实这种情况在法律界非常普遍，以劳动合同法为例，国家在2007年6月就通过了《中华人民共和国劳动合同法》，并于2008年1月1日实施，随后2008年9月国家又颁布了《中华人民共和国劳动合同法实施条例》，与劳动合同法配套使用。再如，在完善高校图书馆法律保护的问题上，我国应该以《公共图书馆法》为基础，以《普通高等学校图书馆规程》为依托，结合高校的具体情况出台法律认可的文件，这样会对高校图书馆起到更好的规范效果。而不同高校制定的不同的规章制度也会对各高校图书馆的运营提供一些标准和指导，有助于高校图书馆的标准化与规范化管理，对于提升图书馆的管理水平和服务水平将会起到重要的推动作用。

第三，要处理好图书馆法律法规同邻接性法律之间的衔接，使之相互补充，相互协调。所谓邻接性法律法规，是指其他行业的法律法规涉及图书馆行业的各项业务，如《宪法》《教育法》《著作权法》《消费者权益保护法》等。

第四，要积极推进图书馆法律法规与相关国际公约等的衔接。自2001年加入世界贸易组织之后，中国各行各业都面临国际接轨的问题，图书馆法律制度建设也不例外。因此，图书馆在法律法规体系建设过程中也必须注重与国际公约、国际惯例等的协调与融合，如《公民权利与政治权利国际公约》《儿童权利公约》《公共图书馆宣言》《伯尔尼公约》《世界出版权公约》等[①]。

第五，需要推动图书馆行业自律规范建设。1981年，美国图书馆协会发布的《图书馆员道德规范》第一条规定，图书馆馆员应当通过有效的方式组织文献信息资源，为所有用户提供高质量、平等的服务，使所有对图书馆有需求的用户具有同等获取文献信息资源的渠道。该规范主要体现了平等服务的政策，让有需求的用户具有同等获取信息的渠道，也就是要求向所有用户提供准确、非个人偏见和礼貌的答复。日本是亚洲最早关注图书馆行业自律规范的国

---

① 王册.我国图书馆法律法规体系化建设研究[J].现代情报,2013(7):52-55.

家。1980年，日本图书馆协会发布的《图书馆员伦理纲领》规定了图书馆馆员应具备的职业道德、专业素质和其他相应的责任、义务和权利。为什么图书馆行业自律规范在美国和日本都发挥了巨大作用，推动了图书馆事业发展？这主要是因为图书馆的业绩和效用须经由馆藏文献信息资源被用户利用才能体现出来，虽然图书馆行业自律规范是由图书馆学会制定的，属于道德规范，没有法律法规那样具有强制约束力，但在实践操作中起到了规范及调整图书馆活动的作用，发挥了道德规范的内在控制职能，弥补了法律法规刚性的不足之处，无形中提高了馆员的职业道德素质，保证了图书馆的服务质量，维护了读者的合法权益。无论时代如何发展，读者的需求如何变化，图书馆馆员的职业精神需要一直坚守。我国也应当注重图书馆馆员行业自律规范建设，强化图书馆馆员的社会责任感和以人为本的服务精神，以自律规范的形式为图书馆馆员设立一个约束机制，同法律规范协调配合，形成有机整体，共同促进图书馆事业健康发展。

（三）健全高校图书馆服务保障制度

1.高校图书馆服务保障制度制定的原则

制定高校图书馆服务保障制度时应该遵循以下原则：

第一，合法性与合理性相结合的原则。高校图书馆服务保障制度的内容必须按一定的标准有目的、有计划地制定，不能模棱两可，必须明确、清晰，并且要符合国家宪法和法律的规定，要以国家已经颁布的法规、标准、规范等作为依据。同时，要求各项制度的制定均应体现合理、公正的法治精神，这既是对高校图书馆制定制度应当遵循合理性原则的要求，又是对高校图书馆行使自由裁量权的限制。不少高校图书馆制度在实际执行过程中难以贯彻落实，究其根本原因，主要在于制度设计缺乏群众基础、脱离图书馆实际且形式化严重，没有将服务标准、服务形式、责任方式、救济措施等细化，要么内容笼统空洞，要么语言表述模糊，导致制度难以切实执行，形同虚设。比如，指标制定得过高，尽管馆员已经很努力了，但仍然无法完成工作任务，这样会严重挫伤馆员的积极性，造成馆员工作疲沓、消极应对的被动局面；而指标定得过低，又起不到调动馆员积极性的作用。因此，这里需要把握一个"度"，只有适时把握好"度"，才能将制度真正地贯彻落实①。

第二，系统性与稳定性相结合的原则。高校图书馆服务保障制度应成为指导与制约图书馆全部工作和活动的规范体系。高校图书馆服务保障制度体系的形成必须具有内在的逻辑关联，既要构成一个有机统一体，又要符合图书馆发展的客观规律。高校图书馆服务保障制度作用的充分发挥，不是依靠单个制度的单个作用，而是依靠相关制度协调配套的综合作用，系统性是制度有效的内在保障。各种制度的构建要将现实问题、前瞻性问题结合起来，既要能够预见到事物的发展，用动态的思维考虑问题，对未来的不可预知留有余地，以便根据时代的变化及时予以修正，又要使制度在一定的时空条件下，保持相对不变，避免朝令夕改，以便易于实际操作，切实可行。

第三，读者为本与馆员为本相结合的原则。图书馆的管理与服务始终是围绕以人为中心而展开的，该原则实质是以人为本的体现。以人为本是制度有效实施的生命，图书馆要建立平等友好、和谐兼容的工作环境与服务环境，要给予读者、馆员充分参与图书馆发展的机会与权利，激发读者、馆员的责任感和使命感②。高校图书馆服务保障制度的建立要始终贯穿以人为本的原则，达到人尽其才、物尽其用的目的，这里的人指的是馆员和读者，物指的是馆舍、文献、设备等。以人为本与制度管理看似有抵触，其实相互依存，并不矛盾，制度管理是以人为本的保证，没有科学的制度管理无法实现以人为本，而没有以人为本的原则也无法实现制度管理的目标。例如，以往许多图书馆都以读者为义务本位来制定相关制度，只是通过读者不要这样、切勿那样等禁止性规则限制读者，而不是通过告诉读者可以这样做、应该怎样做等倡导性规则引导读者。这种命令式的制度把读者置于被管理的位置上，容易激发读者的对立情绪，从而产生矛盾。最常见的如不要随地乱扔杂物、不要大声喧哗等，如果换成"麻烦您！请把废物扔进纸篓中""您的声音会影响他人阅读，请小声或静音"等尊重读者的温馨提示，更利于读者接受。可见，以人为本的管理制度，更能让读者自觉接受，从而达到制度管理的目的③。

---

① 李鹏.新时期图书馆制度建设初探[J].江苏科技信息,2016(12):24-25.

② 兰孝慈,张静.图书馆治理的法律基础与制度重构:"211大学"图书馆规章制度透视[J].图书馆建设,2008(12):107-110.

③ 李鹏.新时期图书馆制度建设初探[J].江苏科技信息,2016(12):24-25.

2.高校图书馆服务保障制度的优化

高校图书馆服务保障制度的管理对象正是用户服务质量感受中的核心要素，因此这一制度的科学性、合理性以及是否严格推行将影响用户服务满意度。高校图书馆服务保障制度应当成为高校图书馆保障制度建设的重点。表6-1中列举了一些高校图书馆重点服务制度。

表6-1　高校图书馆重点服务制度

制度层级	制度名称	特性	备注
一级制度	1.文献资料借还制度 2.首问责任制度 3.馆员行为规范制度 4.馆员职业规划制度 5.部门岗位设置管理制度 6.读者权利保障制度 7.资源共建共享制度 8.知识产权保护制度 9.社会化服务制度	规范图书馆的服务秩序和馆员的服务行为,对馆员一线服务表现有直接促进,保障读者应享受的权利,直接作用于读者服务价值感知	
二级制度	1.设备维修制度 2.财务管理制度 3.突发事件处理制度 4.安全管理制度 5.制度执行评估制度 6.服务质量测评制度	有利于创造优质服务环境,为前台服务质量提供保障	

图书馆的性质决定其制度体系结构有着许多的共同之处，其主要的规章管理制度都具有相同之处，体现出图书馆业务的共性。因此，可以统一制定出制度体系结构，达到制度的规范化，再通过规范的制度体系来加强管理，促进图书馆各方面的建设。图书馆制度建设要紧密联系实际，一切从本馆的实际出发，根据自身的实际、规模和任务等特殊性，恰当地存同补异，灵活地应用和补充。每个图书馆都有其不同的特色和特点，因而规章制度建设就要针对各馆的具体情况体现出自己的个性，可以说，有个性才有针对性，有针对性才有明确的目的性。不然，规章制度建设就会流于形式，从而降低或者失去制度效益，使规章制度成为"空壳"而毫无意义。

从现实情况来看，高校图书馆需要注重以下几个方面的制度建设：第一，读者权利保障制度。保障读者知识和信息接受权、获取权、利用权的实现，是图书馆最本质的服务功能。在图书馆服务中应将读者权益制度化和法律化，主要包括以下几个方面：一是平等获取知识和信息的权利。主要指读者在利用图书馆获取知识和信息的过程中，不论其年龄、性别、民族、语言、宗教信仰、教育程度、社会地位等差异，都享有平等利用图书馆的权利。二是免费接受基本服务的权利。主要指读者可以免费享有图书馆提供的文献阅览、文献外借、文献资源利用培训、书目检索、参考咨询、阅读指导与推广等基本服务。三是获知相关服务信息的权利。主要指读者有权知道图书馆的开放时间、服务范围、馆藏布局、借阅制度，有权询问自己需要的文献资源的在馆状态、复本数量和预约程序，并能够得到图书馆馆员的及时答复。四是参与、批评、建议和监督服务的权利。主要指读者可以参与图书馆各项规章制度的制定，使其有利于读者权益的维护和图书馆的健康发展；可以参与图书馆文献资源建设，并对其质量与效果提出意见和建议；可以参与图书馆服务管理工作，并对图书馆的服务环境、服务态度、服务质量等进行评价和监督，以使其更符合读者意愿[①]；有权对图书馆工作人员在保护读者权益工作中的违法失职行为进行申诉、控告或检举；有权对图书馆保护读者权益工作提出批评和建议；有权为反映读者的意志或要求而参与图书馆重要决策。五是个人信息不被他人非法知悉的权利。主要指读者在利用图书馆的过程中，享有私人信息不被他人非法知悉、利用和公开的权利。图书馆往往因工作需要（为读者办理借阅证、提供专题服务等），保留读者个人资料、阅读记录、阅读倾向等诸多事实上均属个人秘密或隐私的信息，图书馆应为其承担保密义务。日本《图书馆自由宣言》第三条明确规定："读者阅读什么图书，属于利用者的个人秘密。图书馆不能将利用者的读书事实向外部泄露……""对于读书事实以外的利用事实，图书馆也不能侵犯利用者的个人秘密权。""利用者的读书事实、利用事实是图书馆通过业务工作获知的秘密，所有从事图书馆工作的人员，必须保守这种秘密。"在日本图书馆业界，"读书事实"被认为是读者最重要的个人秘密，因为它与"读书倾向"关系密切，通过它可以了解一个人的思想倾向。以人为本是图书馆的服务理念，但是以人为本并不仅仅是满足读者的种种需要，最重要的是尊

[①] 李东来,蔡冰,蒋永福,等.以制度保障公共图书馆的读者权益[J].中国图书馆学报,2010(4):17-23.

重读者，保护读者在图书馆服务中的隐私权。图书馆为读者保守秘密，是现代社会最基本的伦理规范之一。我国有关读者隐私权的相关法律制度并不完善，读者隐私权不能得到有效的制度保障，在今后的图书馆法制建设进程中应融入读者隐私权，制定明确的条文和规范。图书馆也应该以《个人信息保护法》为中心，结合自身情况制定符合保护读者隐私权实际需要的图书馆馆员行为规范，明确规定馆员在保护读者隐私权方面的义务和责任，从而将读者隐私权保护真正落到实处。第二，资源共享制度。在图书馆文献资源共建共享活动中，既有参与各方的共同利益，也有参与者各自的利益，要使他们都能从共建共享中获益，以达到共赢的结果，就要做到以下两个方面：一是要制定相关的法律法规，协调好共建共享参与者各方的各种利益，达到各主体之间利益的合理平衡，保障图书馆文献信息资源共建与共享的发展；二是要建立规范优质数字资源的收集、整理、加工、存储、认证制度，避免文献资源建设、开发中出现低水平重复、盲目追求数量、忽视质量的现象。第三，知识产权保护制度。知识产权保护制度是推动文化繁荣、科技创新的重要法律制度，也是国家软实力的重要体现。图书馆在为读者提供各种服务及其自身管理中，都会涉及知识产权问题。图书馆服务与管理中涉及的知识产权保护问题，主要是图书馆文献资源的收集、借阅、复制、信息网络传播以及参考咨询、科技查新等服务中的知识产权问题，对此要制定科学、合理的法律保护制度。

随着高校图书馆社会化服务的开展，完备的规章制度是高校图书馆面向社会开放常态化必不可少的条件。规章制度的制定及完善程度决定着高校图书馆面向社会化服务的服务质量及服务效果。因此，高校图书馆在构建社会化服务制度时需要关注以下几个方面的问题：第一，关于服务内容。高校图书馆能够向社会读者提供哪些服务是社会读者关心的重要问题，也关系到图书馆社会化服务的深度和广度。从已有资料和开放实践看，馆内文献阅览和复制成为大部分高校图书馆首选服务项目，有的图书馆还开展普通图书资料外借、电子文献传递等服务，少数图书馆还提供自修室等服务。第二，关于读者权限。读者权限既关系到社会读者对图书馆文献资源需求的满足程度，也涉及校内外读者利益平衡问题，还涉及图书馆的服务能力问题。从高校图书馆开展社会化服务的实践来看，社会读者的借阅权限一般要小于校内读者的借阅权限，社会读者可以使用的图书馆文献资源或多或少受到限制，如外文原版图书、重要工具书、古籍孤本、善本等文献资源，大多数图书馆都不向社会读者提供外借或阅览服务。因此，在高校图书馆制定社会化服务制度的过程中应当广泛征求社会读者的意见和建议，保障社会读者的基本权益。第三，关于纠纷的解决方法。社会读者对于高校图书馆来说是一个特殊的群体，在为这个群体提供服务时发生纠纷很难避免，所以对高校图书馆社会化服务中特别是在有偿提供服务情况下发生的纠纷及其解决方法进行规定是非常必要的。高校图书馆应就面向社会读者服务过程中可能出现的纠纷进行深入研究，并就纠纷解决给出具有导向性的解决原则和方法，这样一旦发生纠纷就可以根据事先确定好的原则和方法进行处理，有利于快速妥善地解决纠纷。对此可以制定单独成文的规章制度，并在图书馆网站主页上提供指向该文件的链接，这样便于社会读者检索、获取相关信息，进而了解、知悉相关制度。第四，关于责任追究制度。在高校图书馆社会化服务过程中，当面临新问题、新诱惑时，有些工作人员由于经验不足或者疏忽大意等原因，往往会犯这样那样的错误，对此如果没有相应的责任追究机制加以规范，将会累积诸多问题与矛盾，势必影响图书馆社会化服务工作的开展。因此，建立责任追究机制尤为必要。对此，可以针对不同岗位的高校图书馆工作人员，制定出精细的、操作性强的责任制度，依据过错的不同程度给予不同的责任追究，以保障高校图书馆社会化服务工作有序、规范地进行。

图书馆服务保障制度优化的宗旨在于用更完善的制度来指导和规范图书馆服务管理的运作，而非为了应对外界的评估或"装点门面"。高校图书馆服务保障制度建设并非一蹴而就，且处于动态发展之中，需用科学的态度和法律依据来保持制度建设的严肃性和严密性，也需要不断注入道德理念和图书馆人文关怀理念，将制度约束变为习惯的自觉行为。因此，高校图书馆服务保障制度建设要关注以下几个方面的因素：一要将规章制度建设放到本院校的发展规划和本馆整体建设和发展中去考虑，不仅要与图书馆当前发展的状况相适应，还应当具有前瞻性。二要进行广泛的调研，可以通过读者代表座谈会、学生会、读者协会以及校园网等渠道和方式征求读者的意见和建议，聘请理论造诣较深且具有实践经验的专家、学者参与规章制度建设的筹划工作，参阅借鉴其他高校图书馆的相关制度，提高规章制度建设的规范性、科学性以及实用性。三要建立评估反馈体系，一是看其能否保障文献资源功能充分发挥，体现出良好的制度效益；二是看其是否实现了自身服务管理的有效性，是否充分发挥了制度的引导、规范、评价功能。

第七章 典型案例回顾与思考

一、"杭图"事件

"杭图"事件发生在2011年1月,一位网友发了这样一条微博:"杭州图书馆对所有读者免费开放,因此,乞丐和拾荒者也有机会进入馆内阅览。图书馆唯一要求他们的就是把手洗干净再阅读。对此,有读者无法接受,于是找到图书馆褚馆长,说允许乞丐和拾荒者进图书馆是对其他读者的不尊重。褚馆长回答:'我无权拒绝他们入内读书,但您有权利选择离开。'"这条看起来不起眼的微博,在半天时间内就被网友疯狂转发了一万余次,评论近2500条,不少网友对杭州图书馆的做法赞叹不已,更将其称为"史上最温暖图书馆"。更有网友改编了阿根廷作家博尔赫斯的名言:"如果中国有天堂,那应该是杭州图书馆的模样,乞丐坐在天堂里,于是忘了地狱的模样。"[①]当然那位自诩"有身份"的人也是公民,杭州图书馆并没有以任何方式让他走开,这样才符合公共图书馆所恪守的以公民平等权益为核心。这件事在社会上引起强烈反响,各大媒体纷纷报道和采访,杭州图书馆褚馆长成为一时的"红人"[②]。

虽然读者平等、自由地利用图书馆文献资源的权利在图书馆和读者中渐已深入人心,成为大家的共识,但是多年来这一权利的实现无论在图外还是国内

---

① 杭州图书馆不拒乞丐引热议 公平与规范管理同样重要[EB/OL].http://www.chinanews.com/sh/2013/09-13/5284874.shtml.

② 吴晞.图书馆史话[M].北京:社会科学文献出版社,2015:142.

都是在步履维艰地推行。例如，1997年，法国新市长 Orange City（"国家阵线"成员——极右势力）上台后颁布了一个关于要把马克思主义的书籍、东方的书籍，尤其是中国的书籍从书架上剔除的图书馆规定①，这个规定立即遭到法国图书馆界的集体抗议，他们认为阅读无禁区，图书馆赖以服务的馆藏也不应向读者设防，应当"平等"地服务于读者。再如，2000年12月21日，美国国会颁布了《儿童网络保护法案》，要求学校与图书馆制定儿童因特网保护政策，利用技术保护手段来防范通过计算机网络传播淫秽作品、儿童色情等内容，以免对儿童造成危害。因此，美国各州政府纷纷要求图书馆将网络过滤器安装在电脑上以加强对儿童的保护。《儿童网络保护法案》颁布后，民众、学校以及图书馆等纷纷反对，许多民众认为该法案违反了美国宪法《第一修正案》保护言论自由、信息获取自由的相关规定。2002年5月，宾夕法尼亚州法院认为《儿童网络保护法案》违反宪法《第一修正案》，而且网络过滤器将许多原本不属于色情的内容错误地过滤掉，因此，宾夕法尼亚州法院支持美国公共图书馆协会等组织的起诉，决定废除有关法律。然而，弗吉尼亚州则以保护未成年人身心健康为由，坚持要求图书馆安装网络过滤器。在宾夕法尼亚州法院废除《儿童网络保护法案》一年之后，2003年6月，美国联邦最高法院就宾夕法尼亚州《儿童网络保护法案》违宪一案进行投票，最终以6票对3票裁定《儿童网络保护法案》不违宪。因此，尽管《儿童网络保护法案》备受争议，但至今仍然生效②。在国内，2005年发生的"苏图"事件从另一个角度反映了图书馆对读者阅读权利保障的重视。事件经过是，从2004年9月到2005年春节，漆某多次要求复制或抄录苏州图书馆收藏的一部孤本古籍，并愿意支付相关费用，苏州图书馆善本部负责人的答复是：苏州图书馆对古籍善本尤其是孤本有不许拍照、复制和全部抄录的严格规定。为此，2005年3月，漆某在"学术批评网"上发文披露他向苏州图书馆古籍部提出复制或抄录古籍的要求遭到拒绝的经过，并对苏州图书馆的古籍服务规定提出了质疑和批评，呼吁社会关注读者利用古籍的权利问题。这篇文章引起公众的强烈反响，虽然众说纷纭，但是主流舆论站在图书馆的对立面，图书馆一时成了"守书奴"。漆某要求享受公平利用图书馆的权利本没有错，但古籍善本有其特殊性，苏州图书馆古籍

---

① 杨金明.党校图书馆的特色与馆藏应坚持的基本原则[J].网络财富,2010(19):131-132.

② 程焕文,潘燕桃,张靖.图书馆权利研究[M].北京:学习出版社,2011:239-244.

保护的这种做法也无可厚非，而且当时的图书馆界对于古籍保护所采取的类似规定也并非个别现象。但这件事反映了社会公众权利意识的觉醒和维权意识的增强，由"臣民心态"转变为"公民意识"，这是一个了不起的进步，也是促进图书馆沿着正确道路健康发展所需要的基本社会环境。"公民意识"的涌现、"臣民心态"的退场，在等待一个适当的契机。杭州图书馆的火花，点燃了公众对图书馆的热情。短短几年时间，图书馆的公众形象发生了巨大变化，在"杭图"事件后，图书馆不再是众矢之的，而是成了争相赞许的对象，成为"天雀"的代名词。这反映了近年来图书馆发生的巨大变化，也说明了图书馆的努力得到了社会公众的认可①。

"杭图"事件让图书馆艰难推行多年的价值观有机会向全社会做一次亮丽展示，给图书馆如何保障读者平等利用图书馆做了很好的诠释，应引起我们的思考。

第一，图书馆应面向所有公民开放，平等保障公民文化权利，对待弱势群体的态度不是歧视而是尊重和包容，尽量为他们提供便利服务。

读者到图书馆来的目的是获取图书馆文献中的知识和信息，因而读者平等获取图书馆服务的权利实质上是平等获取图书馆知识和信息的权利。读者的"平等获取权"主要包括身份平等和机会平等两个方面。身份平等，指每个读者无论年龄、性别、健康状况、种族、信仰、习惯以及社会地位如何，一律平等地享有利用图书馆资源的权利。李大钊就服务对象的思考充分体现了平等原则，他指出无论是一般主体还是特殊主体（如少数民族、流动人口、残疾人、囚犯、儿童）在利用图书馆的权利上是平等的②。机会平等，指人们应该平等享有获得基本权利和自我发展潜能的机会。平等的应当予以平等地对待，不平等的则予以不平等地对待。实际上，在图书馆为读者提供文献资源服务的过程中，还存在着另外一种意义上的"平等"，即图书馆收藏的所有文献资源都可以被读者自由利用。这种"自由"和"平等"同样可以在联合国教科文组织、国际图联发布的《公共图书馆宣言》中找到根据，该宣言称："各年龄群体的图书馆用户必须能够找到与其需求相关的资料。公共图书馆必须藏有并提供包括各种合适的载体和现代技术以及传统的书刊资料。""馆藏资料和图书馆服务

① 吴晞.图书馆史话[M].北京:社会科学文献出版社,2015:142.

② 王军.关于高校图书馆人文精神的解读[J].山东省农业管理干部学院学报,2010(6):173-174.

不应屈从于任何意识形态的、政治的、宗教审查制度的或商业的压力。"可见，对于图书馆的一切"作为文化传播载体"的文献，读者都应当平等享有被服务的权利。因此，如果只有一部分人能够享受到图书馆服务，而另一部分人则享受不到或不能完全享受到图书馆服务，这就意味着平等地利用图书馆的机会被分割了，即一部分人垄断了机会，而另一部分人的机会被剥夺了，这就造成了典型的机会不平等。身份平等和机会平等之间具有紧密的内在联系，二者在本质上是一致的，即二者实质都指向"权利平等"，都是读者利用图书馆的权利平等的体现。杭州图书馆没有因为乞丐和拾荒者的特殊身份而剥夺其利用图书馆的机会，体现了图书馆对实质平等权的尊重。当然在高校图书馆服务过程中，更需要注重机会平等问题，例如，教师阅览室和学生读者阅览室的区分，就是人为割裂了所有读者平等利用图书馆的机会。因此，阻碍人的发展的任何障碍都应该清除，给每个读者以平等利用图书馆的机会，是图书馆永恒追求的目标[①]。

第二，重视保障弱势群体的平等权利。杭州图书馆对所有读者（包括乞丐及附近农民工）免费开放；林州市图书馆建立爱心书屋，为留守儿童和农民工子女服务；济南市图书打造现代化的汽车流动图书馆，深入农村、社区、企业、建筑工地等，为老年人、未成年人、残疾人、农民工等送去精神食粮……近几年，图书馆为弱势群体服务的新闻屡见报端。随着时代的进步，图书馆服务中的人本主义思想日益凸显，"体现社会包容，对弱势人群进行人文关怀和知识帮扶"不仅是图书馆应当履行的社会责任，还能够最大限度地实现图书馆的使用价值。在现实环境中，高校图书馆与公共图书馆在类型、发展规模、服务方式、主要服务对象上有所不同，高校图书馆的弱势群体服务也有其自身特点。因此，高校图书馆首先要清楚自己所服务的弱势群体主要包括哪几类，服务对象不同，针对性的服务措施也不同。

弱势群体是一个相对概念，在现实生活中，人们总会因这样或那样的原因而形成相对优势或弱势的主体。可以说，广义的弱势群体，泛指社会上生活困难的弱者群体。相对于优势群体而言，弱势群体往往因竞争力不足、缺乏某些生活能力或受环境因素制约，而遭受不同程度的压抑、剥削或不平等的对待，在社会中被标签化，甚至受到歧视。对于狭义的弱势群体概念的理解，要有特

---

① 汤艺.图书馆读者平等权利制度保障的理论与实践[J].图书馆,2017(3):63-65,71.

定环境和范围。高校有其特殊的服务对象范围，图书馆理论界对于高校弱势群体的划分主要有以下几个方面：

一是经济弱势群体。经济弱势群体如贫困大学生，他们大多数来自边远穷困地区或城镇低收入家庭，由于家庭经济条件不好，他们生活节俭，消费水平比较低，生活方式单调，往往自我封闭，尽力逃避社交活动，有的甚至产生自卑、抑郁、焦虑、孤僻等一系列心理问题。贫困生是数量较大的高校弱势群体，急需学校的支持与呵护。因此，图书馆可以适当提供一些勤工助学的岗位，这不仅能够有效改善贫困生的经济条件，还能使他们通过参与实践工作增强与他人的沟通与交流能力，从而更好地学习和发展。

二是生理弱势群体，主要指残障大学生和老年教职工，包括离退休人员。他们受到身体、精神、年龄等因素的限制，行动能力弱于常人，他们在利用图书馆的过程中会面临诸多不便，也是需要图书馆关注的对象。图书馆可以向残障生和老年教职工提供一定程度的倾斜服务，方便其享用常规服务。例如，图书馆在修建馆舍时，在内部结构、配套设施方面，应考虑弱势群体的需求。这方面厦门大学的经验值得借鉴，厦门大学建立新图书馆时设置了残疾人无障碍通道，包括设置扶手、信号报警等特定标志，帮助残疾人以及老年人更方便地进入图书馆阅读。除此之外，还需要了解弱势群体利用图书馆学习和掌握知识的主要方式以及途径，并围绕他们当前以及潜在的需求开展更具有针对性的服务。

三是心理弱势群体，主要指有心理问题的大学生。当今高校大学生面临人际关系的困扰、独立生活能力的考验、学业与就业压力带来的焦虑等诸多问题，这些问题可能会使一部分人产生心理问题。从弱势群体的特点来说，心理弱势者在经济、竞争力、生活能力、社会地位方面，并不一定处于劣势。心理问题侧重于人的精神状态，而非社会生活状态。因此，心理弱势者是否应该划入弱势群体的范围，是一个值得商榷的问题。从服务的角度来说，如何帮助大学生解决心理问题，图书馆在其专业范围内没有行之有效的操作方案。目前，解决高校学生的心理问题，仍倚重于辅导员的思想品德教育以及学校心理咨询机构的专业辅导。高校图书馆可以采购一些心理健康与励志类图书[①]，还可以利用自身的馆藏资源，开展新的阅读模式来辅助理疗。比如泰山医学院图书馆

---

① 王芬.高校图书馆做好弱势群体服务必须追问的两个问题[J].内蒙古科技与经济,2016(8):108-110.

开展的阅读疗法、创建阅读疗法的研究基地等，就有效促进了学生心理健康发展。

四是校内外来务工人员，比如校内的建筑工人、保洁保安人员等。此类人群经济条件差，文化水平不高，职业声望低，是最容易被忽视的高校弱势群体。图书馆应该推倒围墙，打破藩篱，积极主动为他们提供服务，让他们学习知识，提高技能。事实证明，知识援助胜过一切物质援助。2011年，《北京日报》报道，北京大学保安大队17年来走出了300多名大学生，其中有的通过努力还考上了重点高校的研究生。同年，《长江日报》报道，华中科技大学保卫处11年来走出了20余名"保安大学生"，有的毕业后在其工作单位担任要职。这些保安都是受到高校浓厚学术气氛熏陶，利用空闲时间"蹭课"、听讲座、泡图书馆，最终取得了学业上的突破。对于这些积极追求进步的外来务工人员，高校图书馆应加大开放力度，采取灵活多样的服务方式，为他们成长成材提供更加便利的条件。比如，为他们集中免费发放临时借阅证，在借阅册数与借阅期限上给予同本校老师同等的待遇，还可以在寒暑假图书馆文献资源相对闲置较多的时期，集中对其开放。高校图书馆要做好弱势群体的特殊服务工作，除了让"所有人"平等享用图书馆的服务，还需在自身能力范围内为弱势群体提供特殊服务，这既是现代图书馆开展服务工作的重要内容，也是促进社会和谐的重要组成部分。

二、殷某诉G图书馆侵犯著作权案

原告殷某诉称，被告G图书馆在其电子阅览室收录原告的《马克思恩格斯人口生态思想探析》一文，并向公众提供打印服务。被告G图书馆未经许可打印该文的行为，侵犯了原告的复制权。G图书馆在其电子阅览室将被侵权论文有偿向社会公众公开传播的行为，侵犯了原告的获取报酬权和发行权。请求人民法院确认被告G图书馆的侵权性质，判令被告销毁载有被侵权论文的复制品，停止复制和传播被侵权论文，赔偿原告经济损失1003元。审理中，原告殷某将其赔偿请求增加至6123元。

图书馆作为非营利性的文化事业单位，收藏文献，保存信息，并以"有限提供"的方式面向社会公众传播是其主要职能。随着科学技术的发展与读者需求的提升，电子期刊应运而生，虽然电子期刊与传统纸质期刊分别利用了不同的存储介质，但其本质上仍然属于期刊。图书馆在采购、收藏各种介质的图书、期刊时应尽的主要注意义务是购买合法出版物。G图书馆以合同方式并支付对价取得某光盘公司提供的某学术期刊（光盘版）及其数据库（该光盘及数据库是经国家批准并依法公开发行的合法电子刊物），已经尽到合理的审查注意义务，对于所收藏的正版刊物中是否存在侵犯他人著作权的作品，G图书馆没有具体的审查义务。G图书馆向读者提供馆藏该学术期刊（光盘版）及其数据库中有关文章的查询、打印服务，与其向读者提供馆藏纸质期刊供读者借阅，在性质上都是一种文化和信息的传播方式，符合我国《著作权法》促进文化、科学和艺术作品传播的立法宗旨，而不能将其雷同于《著作权法》意义上的发行行为。根据G图书馆与某光盘公司签订的数据库订置合同内容看，G图书馆使用该数据库的范围、权限和方式都是受到严格限制的，这也是防止图书馆滥用法律豁免，侵害著作权人利益所必需的。从殷某提交的证据看，并不存在大量复制、出售或赠予涉案作品复制品，而使著作权人的利益受到损害的事实。G图书馆应殷某的要求，检索并打印一份涉案作品，是为读者摘录相关信息所提供的一种便利，并不违反我国《著作权法》的规定。殷某诉G图书馆侵权一案说明图书馆在资源采购中对出版物是否为合法出版物应当履行合理注意义务。

在"殷某诉G图书馆侵犯著作权案"中，江苏省高级人民法院认为，图书馆在搜集资料的过程中只有审查其购买的资料是否为合法出版物的义务，G图书馆以合同方式并支付对价取得某光盘公司提供的电子期刊，已经尽到了合理注意义务，对于所收藏的正版刊物中是否存在侵犯他人著作权的作品，G图书馆没有具体的审查义务，这是该案给图书馆的最大启示。合理注意义务，是指自然人、法人或者其他组织在实施某种行为的时候，在恰当的范围内采取相应措施，以免对他人的人身权和财产权造成侵害。尽管学界对合理注意义务的内涵与判断要件有不同的解读，但普遍认为合理注意义务具有以下两个方面的特点：其一，合理注意义务要求行为人主观上谨慎、小心，这是判断行为人主观上是否有过失的标准；其二，合理注意义务要求行为人客观上应采取行动，以作为或者不作为的方式去履行。合理注意义务在民事关系中非常普遍，图书馆使用作品属于一种民事行为，保护著作权的合理注意义务是必不可少的。国内外众多司法实践证明，图书馆在使用著作权中是否履行合理注意义务，是判断其行为是否侵权，以及是否需要承担法律责任的重要标准。图书馆如果未能尽到合理注意义务，则要承担相应的法律责任。比如，在"李某诉深圳南山区图书馆等侵犯著作权纠纷案"中，法院认为，该图书馆作为使用和传播图书内容的一方，没有尽到合理注意义务，存在一定过错，应对使用作品行为承担相应的侵权责任。而在澳大利亚发生的"Moorhouse诉新南威尔士大学案"中，法院认定被告所属图书馆向读者提供复印机的行为侵犯著作权，因为被告所属图书馆对读者使用复印机没有任何监管措施，其最大过错在于没有在复印机上设置足够明确清楚的著作权警示，构成违法"授权"他人侵害著作权[1]。

　　图书馆在使用著作权中的合理注意义务主要有以下几个方面的内容：一是馆藏资源采购中的合理注意义务。防止权利瑕疵的出版物入藏，是图书馆合理注意义务的重要内容。其一，图书馆在书刊采购中应对供应商的权利合法性进行审查。图书馆需要慎重查看合同，查看其权利是否囊括了销售书目的清单；其二，图书馆对到馆书刊进行验收时，要注意审查书刊本身是否存在盗版侵权问题，避免购入盗版书刊。随着计算机技术与复印技术的发展，盗版出版物与合法出版物真假难辨，图书馆工作人员往往很难对它们进行正确辨别，在必要的情况下，应求得国家著作权行政管理部门在业务上的指导与帮助。二是馆藏文献资源使用中的合理注意义务。图书馆在使用作品的过程中履行合理注意义务，发现侵权馆藏和侵权行为，应及时给予纠正，加以正确处理。例如，图书馆将馆藏数字化后上网，充当的是内容服务提供者的角色，合理注意义务则是事先取得授权，或者按照合理使用条款的要求对拟数字化馆藏是否濒临损毁、丢失或者失窃等情况做出判断。三是删除和阻断的合理注意义务。图书馆在提供信息存储空间和搜索、链接等服务时，接到权利人符合法定要求的通知后，如果在第一时间删除相应内容，或者阻断对侵权作品的搜索、链接，即认为完成了合理注意义务，不必承担侵权责任。反之，则未尽到合理注意义务，存在过错，应当承担相应的责任。四是著作权警示的合理注意义务。警示的合理注意义务是指图书馆负有向读者介绍著作权法律法规，告知本馆著作权政策，提醒读者在使用作品的过程中注意保护著作权的责任。随着图书馆服务职能的不

---

① 赖文智，王文君.数位著作权法［M］.台北:翰芦图书出版有限公司,2007:21.

断扩展和网络通信技术的发展，图书馆使用著作权的法律风险不断加大，著作权保护已经成为一项专业化、专门化程度很高的业务内容，需要有专门的岗位和人员来负责。在这方面，图书馆可以设置"著作权馆员"岗位负责著作权管理的任务，其在履行合理注意义务中的职责包括：宣传履行合理注意义务的法律意识，如合理注意义务的内涵、类型、判断标准以及履行合理注意义务对图书馆的影响与要求等，提升图书馆履行合理注意义务的自觉性；监督、发现图书馆履行合理注意义务过程中存在的问题，提出相应的改进措施，及时向图书馆领导汇报，并对可能出现的法律风险发布预警和提示；通过馆际交流、专家讲座、项目申报等形式积极开展图书馆履行合理注意义务的学术研究，等等。

另外，在"殷某诉G图书馆侵犯著作权案"中，虽然图书馆有收取复印费用的行为，但是仍然被判未构成侵权，不承担法律责任。图书馆是公益性单位，对于收取费用的行为如何定性也是值得思考的问题。图书馆作为公益性机构，服务以无偿为原则。但是无偿并不意味着不可以收取费用，只不过其收入以弥补服务成本为限，而不能营利，未经授权地使用他人作品获得经济利益则可能构成侵权行为。因此，图书馆对收费项目要慎重选择，对于读者的外借、阅览等服务不能收费，收费只能针对增值性服务项目，而且收费标准要报国家物价管理部门核准。在司法实践中，虽然许多图书馆都以服务的"公益性"作为抗辩理由，并且"公益性"的确会成为法院认定图书馆法律责任、做出减轻或者免予处罚的观察点，但是"公益性"并非任何情况下都能使图书馆不承担法律责任的法宝。其典型案例是2008年发生的"北京三面向版权代理有限公司诉重庆市涪陵区图书馆侵犯著作财产权纠纷案"，法院认为，公益性不能以牺牲权利人的利益为代价。可见，"公益性"不等同于"无偿性"，"公益性"的本质是"非营利性"。法院以不"赢利"作为判断公益服务的标准，图书馆不能一味以"公益性"为抗辩理由把自己永远划归"无辜者"之列，而图书馆收取不超过服务成本费用的行为也应当被允许。法院认为图书馆向读者收取打印费等用于弥补服务成本损耗未尝不可，不构成对著作权人获得报酬权的侵犯。针对殷某的侵权诉讼，G图书馆积极寻找相应的抗辩理由力求胜诉，在胜诉后，G图书馆没有进行后续追偿行为，并未向数字资源供应商要求弥补自己因撤销侵权作品所造成的损失①。对于图书馆是否应该维权并从数字资源商手中获得赔偿的问题，学界又有不同的争论，是对簿公堂还是以和为贵，本质上都是利益的考量。随着数字时代的来临，图书馆和数字资源供应商之间的合作关系日趋密切，为了维护各自利益不受损害，正确划分责任界限，妥善处理出现的纠纷，最佳的方案就是预先通过合同的方式厘清双方的权利和义务，共同营造一个图书馆事业与数字出版业协调发展、合作共赢的良好局面。

三、李某与C大学著作权纠纷案

2007年9月13日，李某发现C大学图书馆网站之"超星电子图书数据库"栏目，未经授权通过网络将其享有著作权的《中外职业资格认证和语言考试指南：规划你的职业生涯》一书提供给读者使用，认为C大学图书馆侵犯了其信息网络传播权和获得报酬权，影响了纸质图书销售，给其造成了严重的经济损失。李某将C大学、某数图公司告上法庭，请求法院判令被告停止侵权，删除涉案图书，并在相关媒体和图书馆网站公开赔礼道歉，赔偿经济损失和诉讼支出②。

被告C大学辩称，学校图书馆以镜像方式对超星电子图书数据库中作品的使用符合《信息网络传播权保护条例》第六条、第七条的规定，属于"合理使用"，未侵犯原告的著作权。另外，学校图书馆没有参与超星电子图书数据库的制作，只是为超星电子图书数据库运行提供硬件设备与网络环境，也无权对该数据库的电子图书进行增删，学校地位实际上属于用户性质，希望法院驳回原告的诉讼请求。被告某数图公司辩称涉案图书由其提供给C大学图书馆，图书馆只是为其电子图书提供存储空间，没有直接控制数据库，愿意承担责任。

法院审理后认为，隶属于被告C大学图书馆向被告某数图公司提供了信息存储空间服务，供其通过网络向公众提供作品，被告某数图公司在未取得原告

① 张丽,李华伟.图书馆怎样维权:由殷志强诉金陵图书馆侵权案引发的思考[J].图书馆工作与研究,2010(5):13-16.

② 秦珂.图书馆镜像服务侵权责任的认定与著作权法律风险规避:基于一起图书馆著作权纠纷案件的思考[J].图书馆,2014(2):115-117.

许可的情况下将其作品通过被告C大学提供的信息存储空间进行网络传播，被告C大学未明确标识信息存储空间是为被告某数图公司提供，而且被告C大学所属图书馆的行为不属于"合理使用"，应该认定二被告共同侵犯了原告的信息网络传播权，连带承担侵权责任。法院最后判决：被告C大学立即停止侵权，将图书馆服务器中的涉案图书删除；被告C大学和某数图公司共同向原告赔偿经济损失6000元。

在该案件中，法院判决C大学承担赔偿责任，对此我们不仅要寻觅法律的变革轨迹，而且要思考现行法律规则和法官的审判思维倾向，总结经验教训，以提高科学管理水平和著作权使用的规范性，有效防范与化解各种法律风险。

首先，要对侵权指控进行积极抗辩。抗辩是指被告针对原告的诉讼请求提出的辩驳理由。从图书馆著作权纠纷司法实践看，恰当的辩驳理由往往在诉讼过程中对判决结果影响很大。图书馆防止纠纷是被动思维，提高抗辩能力寻求更多的豁免例外，才是符合图书馆发展要求的主动的思维方式。在李某诉贵州大学等侵犯著作权纠纷案、李某诉对外经济贸易大学等侵犯著作权纠纷案中，图书馆都以合同约定由数字资源供应商承担全部法律责任作为抗辩的理由之一，对法院认定图书馆行为是否构成侵权以及责任承担方式起到了重要作用。解决法律纠纷要靠事实说话，事实要以证据来支撑。较之传统技术条件下的证据，网络环境中的数字证据具有不稳定性、易消失性和易被篡改而不留痕迹等特征，容易受到人为因素、物理因素、技术因素的影响而造成更改、缺漏、灭失，从而降低证据的可采信度和法律效力，甚至其证据价值无法被法院认可。最高人民法院《关于审理侵害信息网络传播权民事纠纷案件适用法律若干问题的规定》第六条明确规定，原告有初步证据证明网络服务提供者提供了作品，而网络服务提供者能够证明其仅提供网络信息服务，且无过错的，不应认定构成侵权。所以，图书馆要重视对证据的收集和管理工作，图书馆除了要及时向公证机关、法院申请证据保全外，还要开展力所能及的证据保全活动，如对相关的文字材料、录音录像、合同文本以及数字链接等完整保存，防止证据的灭失、被篡改、不完整。在证据保全方面，在网乐互联（北京）科技有限公司诉广东肇庆图书馆等侵犯著作权纠纷案中，肇庆图书馆及时申请公证保全证据是非常可取的做法。因为公证机关站在第三方立场上，不偏不倚，客观公正，又按照法定程序，采取科学合理的方法查取证据、固定证据、分析证据以及给出结论，证明力强，公证结果易为涉案当事人所接受。在该案中，公证保全对案件的公正审理起到了关键作用，肇庆图书馆也因保留了完整有力的证据而最终获胜①，这也给其他图书馆应对著作权风险提供了值得借鉴的经验。

其次，对作品来源进行标识。在本案中，法院认为C大学图书馆未明确标示信息存储空间是为某数图公司所提供，应承担停止侵权、赔偿损失的民事责任。图书馆信息存储空间服务的网络服务提供者要对作品来源进行标识，一方面表明自己不是作品的直接上传者，以帮助著作权人明确追责的方向；另一方面网络服务提供者要公开自己的名称、地址、联系人等信息，使著作权人能及时同其取得联系，以便妥善处理侵权相关事宜。

最后，与著作权人开展沟通谈判。纠纷来源于社会多元化主体之间的利益冲突与对抗，纠纷解决过程的本质就是各方主体在基本法律框架下的利益博弈，从而实现妥协与接受的过程，因而在纠纷解决过程中需要对当事人的行为进行理性分析②。除了考察当事人的利益目标外，还需要将当事人的社会地位、经济状况、个人经历等相关因素纳入其中予以综合考虑。在选择纠纷解决方式的问题上，诉讼方式并不是最优的解决模式，只是在迫不得已的情况下采取的最后的救济途径，而当事人之间协商和解，或者通过调解达成和解才是理想的纠纷处理方式。在我国发生多起的图书馆著作权侵权纠纷案件中，当事人没有起诉就达成和解，或者在法院主持调解下达成和解的情况屡见不鲜。例如，李某诉青岛理工大学侵权纠纷案、中国大百科全书出版社诉广东省立中山图书馆侵权纠纷案等。借助和解这种较为温柔的方式不仅能够实现解决纠纷的目的，达到共赢的结果，还能最大限度消除当事人之间的矛盾与隔阂，从而有利于社会的和谐与稳定。因此，图书馆在纠纷发生后，要积极正面应对，与著作权人开展沟通、交流与谈判，争取能够与著作权人达成和解，一方面及时化解著作权纠纷，减少纠纷应对成本，另一方面可以消减因诉讼程序时间较长而对图书馆造成的负面影响③。

---

① 白新勤.图书馆著作权危机管理的成功范例："网乐互联(北京)科技有限公司诉肇庆市图书馆等侵犯著作权纠纷案"透视[J].图书馆论坛,2012(4):48-51.

② 刘友华.知识产权纠纷解决策略研究——一种博弈论视角[J].知识产权,2012(8):38-46.

③ 秦珂.图书馆开展镜像服务的著作权侵权责任认定与纠纷处理策略分析:基于立法和多起公益性图书馆侵犯著作权纠纷案件司法审判实践的思考[J].高校图书馆工作,2014(2):23-28.

四、广州大学图书馆社会化服务案例

广州大学图书馆从 2002 年开始为社会提供信息服务，多年来取得了显著的社会效益和经济效益，由于其服务社会的成绩突出，堪称"全国地方高校图书馆的一面旗帜"。广州大学图书馆提供的社会化创新服务主要有以下几种：

第一，合作共建。合作共建有两种模式，即委托模式和联合模式。其中，联合模式就是根据项目需要由相关单位或部门合作共建，建设成果由合作各方共享的模式。广州大学与政府合作的政务咨询厅，以政府拥有的信息资源和广州大学图书馆的信息处理能力为依托，为广州市民提供诸多服务。例如，在资讯阅览区，市民可以阅览到 1996 年以来广州市各级政府已公开的政府编印出版的政策性文件、服务性规范资料以及相关部门出版的编研材料等；在电子检索区，市民可以查阅政府已公开的政务文件、审批项目和资料以及政府已开放的档案信息等；在咨询服务区，热心的工作人员细心地帮助市民答疑解惑，并帮助市民解决政务办理中遇到的各种问题；在美丽广州展示区，更是展现了广州近年来取得巨大成绩的大事纪要以及历史地图等珍贵史料，让广大市民放心而来，满意而归①。

第二，媒体舆情信息服务。媒体舆情信息服务是指图书馆有组织、有计划地对媒体报道中的内容进行收集、整理、分析和反馈，为地方政府掌握社会舆论情况，改进工作方式，不断提升工作预见性和针对性的一种服务方式。广州大学图书馆从 2002 年开始为地方政府提供媒体舆情信息服务，广州大学图书馆在"非典"、2008 年南方雪灾、2010 年"推普废粤"事件期间，每日上午都以电子邮件的形式向相关部门发送一份舆情快递，帮助有关部门掌握即时的舆情变化动态。

第三，业务外包服务。图书馆充分利用自身在资源、专业、人才、技术等方面的优势，为企事业单位提供本来由其内部操作的各种业务活动和服务，以起到降低成本、节省时间、提高效率和改进质量的效果。广州大学图书馆承担的外包业务有广州市档案馆信息化建设中的部分"广州人物、广州重大事件、

---

① 吕亚娟.高校图书馆社会化服务研究[D].湘潭:湘潭大学,2011:33-37.

重大文体活动数据库"信息收集工作以及广州市政务信息资讯平台和政务服务平台的广州市服务中心网站公共信息收集工作。广州大学图书馆承担外包业务服务的实践表明，高校图书馆可以根据自身的优势，开展社会服务，实现自身价值与社会价值。

第四，业务扶持。广州大学图书馆与萝岗区图书馆的合作就属于业务扶持模式。萝岗区教育局、文化局与广州大学图书馆积极开展合作，希望借鉴和利用广州大学图书馆在发展理念、管理模式、服务方式等方面的宝贵经验，提升萝岗区图书馆的管理与服务水平，促使萝岗区图书馆能够成功实现向规范化、信息化、现代化图书馆转变。广州大学图书馆在充分调查研究的基础上，为萝岗区图书馆事业发展做出了科学合理的发展规划，在图书馆发展理念、图书馆发展方向、图书馆事业发展策略、馆际合作及资源共建共享、管理和服务模式创新等多方面给予业务扶持，既有利于萝岗区图书馆吸收广州大学图书馆现代化服务、管理以及建设等方面的经验，建立图书馆事业长效发展机制，提高图书馆管理与服务水平，也使得广州大学图书馆自身服务水平和管理水平得到进一步提升，真正实现合作共赢①。

第五，人才培训。在广州大学图书馆多样化的社会化服务方式中，利用图书馆自身的人才、专业、资源等优势广泛开展人才培训也是较为成功的社会化模式之一，开辟了高校图书馆社会化服务新的模式，如广州大学图书馆举办的广州市中学图书馆馆员培训班、持续开展的"书香羊城之书香校园"系列活动等②。

广州大学图书馆顺应时代发展的要求，满足社会读者文献信息的需求，针对自身特点与优势，设计并开展了一系列符合自身特点与优势的多种多样的社会化服务模式，在理论与实践两个层面对高校图书馆社会化服务进行了有益探索，汲取与借鉴其宝贵经验将有利于全国高校图书馆社会化服务的持续、健康发展。

1.促进高校图书馆服务理念的转变

任何一场变革，首先是观念的变革，因为观念问题是制约或推动行动的关

① 杨玫.高校图书馆社会化信息服务模式探索与实践:以广州大学图书馆为例[J].图书馆杂志,2011(3):59-61.

② 王宇.高校图书馆社会化服务研究[M].北京:中国社会科学出版社,2014:162.

键问题。长期以来，高校图书馆作为高校教学科研设施的一部分，对高校现行的管理体制具有很强的依附性。很显然，高校图书馆最主要的职能是满足本校师生教学、科研对文献信息的需求，这种"封闭式"的观念长期制约了我国高校图书馆社会化进程的实施与推进，使高校图书馆社会化服务意识淡薄，人们普遍安于现状，长期保守、封闭的思想观念束缚了高校图书馆的发展。进入知识经济时代，整个社会的知识信息需求日益增长，信息资源对地方经济发展的作用日益受到人们的高度重视。高校图书馆作为一个地区知识信息的重要聚集地，有责任去满足地方经济发展需求和人们日益增长的文化需求。地方高校不仅要为本地培养人才，还要全方位地参与地方的经济社会建设。广州大学图书馆积极转变观念，从全社会的信息资源共享和信息资源利用最大化出发，尽可能在为本校教学、科研、管理提供服务的同时，充分发挥其作为信息资源重要基地的作用，积极为社会用户提供多种服务，注重经济效益和社会效益的交融结合，使图书馆与地方经济发展之间的关系愈加紧密，二者相互推动，相互促进，共同发展，形成了良性循环的互动关系。

2. 开创高校图书馆社会化的新模式

高校图书馆拥有丰富的纸质文献资源和数字文献资源，这些对社会经济文化的发展和民众利用具有巨大作用，所以如何将丰富的文献信息资源转化为助推社会发展的支持力量，满足人们日益增长的精神文化需求，是高校图书馆亟待解决的重大问题。广州大学与政府合作建立政务咨询厅，努力寻求社会其他力量的参与及帮助，很好地解决了高校图书馆独自进行社会化服务面临的困难和信息转化的两大难题，这一做法给诸多高校图书馆社会化服务带来新的启示。广州大学图书馆借助政府的力量，充分利用高校图书馆信息资源优势和专业技术优势服务于社会，为经济社会的发展作出了重要贡献，政府也获得了高校图书馆的资源支持和专业人员支撑，不仅减少了资源重复建设的费用支出，也提高了政府的政务能力。可以说，高校图书馆与政府合作开展社会化服务的方式，是高校图书馆社会化服务的一种新模式，开创了互利双赢的良好局面。再如，广州大学图书馆利用图书馆自身优势资源开展人才培训与业务咨询也是高校图书馆社会化服务的亮点。高校图书馆不仅是传播文化知识的基地，也是社会教育与精神文明建设的重要阵地。高校图书馆在培养用户专业知识与文化素养方面具有优势。高校图书馆应积极举办诸如书展画展、读书周、特色资源展、科技成果展、文献资源知识利用讲座等社会教育活动，引导公众提高文化鉴赏能力，追求健康文明的科学和艺术，培植健康和谐的社会风气①。高校图书馆还可以通过线上线下相结合、动态静态相结合、跨地区共建共享等方式开展阅读推广活动，尤其是可以通过致富经验宣介、专家咨询和专业技术传授等多种形式，有针对性地满足农村用户的多元化需求，这也为高校图书馆文化扶贫提供了新的视角和新的思路。

3. 创造良好的社会效益和经济效益

广州大学图书馆的社会化服务，取得了显著的社会效益以及良好的经济效益。在社会效益方面，一方面表现为广州大学图书馆为政府的政务工作作出了积极贡献，如为政府提供了大量参考信息，为政府的决策做好参谋，与广州驻军某部合作共建军营图书馆，为部队官兵提供文化服务；另一方面表现为广州大学图书馆非常注重文化的发展和社会舆论的作用，在经历"非典"的特殊时期，广州大学图书馆积极地向社会宣传正确的"非典"防治知识，帮助社会民众克服焦虑与紧张心理。"奥运广州"以及"亚运广州"等重要事件更是离不开广州大学图书馆对舆情的宣传与把握，广州大学图书馆为相关部门做好工作提供了有效的帮助。在经济效益方面，广州大学图书馆为中小企业等提供科技查新服务、专题服务等，在信息产品开发方面也有一定的经济收益，在为政府提供信息增值服务的同时也获得了一定的经济效益②。从更深层次来说，图书馆是最能体现人文关怀的场所，休闲式的阅读空间和文化广场能陶冶情操，有利于高校图书馆文化辐射社会，而社会文化反过来促进图书馆文化的发展，最终推动图书馆事业的发展，这才是经济效益的终极目标。因此，高校图书馆开展社会化服务必须要以社会效益为最终目标，以一定的经济效益为辅助手段，正确发挥高校图书馆的作用，取得经济效益与经济效益的双丰收。

4. 提升高校图书馆的影响力和馆员信息服务能力

广州大学图书馆通过信息服务和产品开发、业务外包、文化信息实体合作共建、资源共享等服务模式为社会提供了优质的服务，不仅扩大了自身的辐射

---

① 张畔枫.高校图书馆在公共文化服务中的知识传播效应[J].图书馆工作与研究,2011(8):48-50.
② 岳庆荣.高校图书馆社会化服务的法律基础研究[D].大连:辽宁师范大学,2014:10.

力，还加强了与社会公众的关系，让社会各界对广州大学图书馆有了一定程度的了解和认知，提升了高校的知名度和社会影响力。高校图书馆社会化服务面对的是多层次读者群，这一群体不仅包括学生和教师，还有社会成员，其中也包括社会弱势群体。这就对馆员的整体素质提出了新的要求，对馆员的服务方式提出了新的挑战。它要求高校图书馆馆员必须是德才兼备的新型专业人才，通过社会化服务，广泛接触社会读者，及时发现问题和解决问题，增强服务意识，提升服务能力和管理水平。同时，在对外开放与对外服务的过程中，图书馆馆员与校外人员接触交流，密切联系，可以了解社会民众的各种现实需求，这既加强了他们的沟通能力与公关能力，又拓宽了他们的眼界和思维。

5.加强图书馆立法，明确社会化服务职能

图书馆学家诺德曾指出，图书馆不应只为特殊阶级服务，而应该向一切愿意来图书馆学习的人开放。高校图书馆社会化服务应当由"有限"尽快走向"全面"，这是由中国高等教育迈向大众化教育的趋势所决定的。虽然《普通高等学校图书馆规程（修订）》明确规定"有条件的高等学校图书馆应尽可能向社会读者和社区读者开放"，但是其中对高校图书馆开展社会化服务的具体做法，如经费、人员、设施、服务形式、服务内容、工作评估等没有明确规定，影响了图书馆社会化服务的开展，对此需要进一步完善。另外，图书馆社会化服务应尽量超越目前的"有限"范畴，服务手段应不拘一格，内容应丰富多彩，形式应灵活多样。建议政府出台优惠政策，企业给予一定经费支持，鼓励和引导图书馆积极对外开放，并尽可能减少服务收费，形成长久的公益开放机制①。为此，需要尽快出台图书馆法，对各类图书馆功能进行统一规范，即对我国现有的国家图书馆、各类公共图书馆、各科技图书馆、各高校图书馆的功能进行规范，通过立法明确各图书馆的社会服务职责，特别是规定高校图书馆面向社会开放的义务、开放的资金来源、服务方式、协调机构、保障措施等，具体实施由各类图书馆根据自身实际情况制定实施细则，以促进高校图书馆社会化服务持续稳定运行，从法律上保障公民平等有效地利用高校图书馆的文献资源。在立法保障下，还应当发挥政府的主导作用，在统筹规划、管理制度、财政支持等方面积极探寻适合我国高校图书馆面向社会提供服务的模式，使其

---

① 赵国忠,张创军.高校图书馆社会化服务概论[M].北京:国家图书馆出版社,2016:175.

达到社会效益与经济效益的统一。秉承"读者第一，服务至上"的服务理念，坚持不懈地学习与借鉴发达国家的有益经验，相信我国高校图书馆的社会化服务之路会越走越宽，越走越康健。

结　论

图书馆事业必须走法制化道路，成为近代以来世界图书馆事业发展的基本经验。在美国，1848年诞生了世界上第一部公共图书馆法，直接推动了美国图书馆事业的快速发展，也开启了世界图书馆事业法制化的征程。

在我国，党的十八大以来依法治国战略全面实施，法制化向法治化发展，法治成为治国理政的基本方式。党的十九大进一步提出，全面依法治国是中国特色社会主义的本质要求和重要保障。建设中国特色社会主义法治体系，建设社会主义法治国家，依法办事已成为各行各业的共识。随着法治国家、法治政府、法治社会的一体化建设，文化法治化、图书馆事业法治化成为必然。随着创新驱动战略的实施，国家对知识产权保护日益重视，正如习近平总书记在十九大报告中强调，要倡导创新文化，强化知识产权创造、保护、运用。李克强总理也多次在国务院政府工作报告中提出，全面加强知识产权保护，健全知识产权侵权惩罚性赔偿制度。可见，强化知识产权保护既是时代发展的客观要求，也是全面建设社会主义法治国家的重要内容。服务工作是图书馆工作的中心环节，直接体现了图书馆的性质、职能、方针及任务，是图书馆对外的窗口。当今，高校图书馆因开展的各项读者服务工作而引发的各种法律问题日益显现，影响了图书馆事业的持续健康发展。为了把握图书馆服务过程中存在的法律问题的特点，提出相应的解决措施，提高图书馆从业人员的法律意识和法律知识运用能力，依法正确处理好各种法律纠纷，防范法律风险，本书从不同角度进行了分析、总结与归纳，得出的主要观点与结论如下：

第一，服务是高校图书馆的第一属性，也是高校图书馆一切工作的出发点与落脚点，高校图书馆必须把服务好读者作为工作的重心和第一要务。高校图书馆从业人员必须从传统管理者的消极角色转变到服务创新者的积极角色上来，树立"以人为本"的服务理念，以优质服务满足读者日益多元化的需求。

第二，高校图书馆与读者之间的服务关系是民事法律关系，高校图书馆和读者是高校图书馆服务法律关系的主体，高校图书馆的权利主要有服务方式和手段的选择权、文献资源及服务设施的管理权、对违规读者进行处罚的建议权和获得合理报酬权等。高校图书馆承担的义务主要是按约定提供服务、保证服务质量、妥善保管文献资料、加强设备管理和维护、保护读者信息隐私权等。读者享有的基本权利包括文献资源的使用权、图书馆服务设施的使用权、文献采购的参与权以及对图书馆服务的知情权、咨询权、监督权等。读者的义务主要是遵守图书馆规章制度、爱护图书馆财物、维护图书馆秩序和缴纳应该缴纳的费用等。在高校图书馆与读者之间的法律关系中，权利义务的天平有所侧重。在高校图书馆的权利和义务中，义务是居于本位的，在读者的权利和义务中，权利是居于本位的，这是由高校图书馆的性质地位决定的。

第三，虽然高校图书馆的超期罚款制度具有合理性，但在现实法律框架下其合法性日益受到读者质疑与诟病，影响和谐借阅关系的构建。因此，可以通过将罚款改为违约金、用义务劳动冲抵超期罚款等措施对超期罚款制度进行修正，并且通过强化教育培训、实行定期催还制度、设立诚信制度、合理设置借阅权限等对超期罚款现象进行规制。惩罚性赔偿制度在图书借阅中的适用具有正当性，但考虑到图书馆和读者的特殊性，其在实际使用过程中应有一定的限制。对读者丢失图书可通过重置成本的方式设计合理的赔偿制度，以达到图书馆和读者的利益平衡。文献复制是当代图书馆为方便用户获取文献普遍开展的一种服务项目。图书馆无论是为自身馆藏需要，还是为读者提供复印服务，都应该善意行使合理复制的权利，复制的数量应当受到一定的限制。图书馆向用户提供复印服务收取的费用以不超过其必要的成本为限。

第四，隐私权是一项具体的人格权，发生违约责任与侵权责任竞合时，高校图书馆可以择一行使，而对于读者享有双重请求权应当予以限制，否则，不仅会加重图书馆的责任和负担，使图书馆陷入无休止的赔偿纠纷之中，也不利于图书馆服务工作的正常开展。我国应加快《个人信息保护法》的立法进程，明确规定个人信息收集、处理、利用的条件和程序，提高馆员和读者隐私权保护意识，并建立严格的责任追究机制，加强隐私权技术保护力度。高校图书馆开展预约借书服务有利于提高馆藏图书的利用效率，有利于馆藏资源的优化，在一定程度上解决了读者的所急和所需，是目前国内图书馆普遍采用的个性化服务方式之一。图书借阅合同是一种实践性合同，除双方意思表示达成一致外，还必须实际交付所借阅图书。对于滥用预约借书权的行为，高校图书馆应强化宣传预约借书服务，采取诸如约谈、告诫等方式以及设立预约借书诚信记录等措施，减少预约读者的随意性，维护图书馆健康的借阅秩序。

第五，随着信息技术的发展，特别是数字图书馆等的出现，图书馆服务与管理中所涉及的知识产权保护问题越来越值得关注。高校图书馆在开展文献传递服务、参考咨询服务、音像服务、慕课版权服务以及社会化服务过程中，要注重做好以下几个方面的工作，以防范知识产权风险，妥善应对知识产权危机。其一，强化馆员知识产权保护法律意识。通过教育、培训等，让馆员了解现行著作权法律法规的具体适用、国际版权公约的相关规定以及侵权责任的豁免等知识，增强馆员与用户双方合法利用文献资源的意识，防范文献资源共享诱发潜在的著作权风险。设置"知识产权馆员"专职岗位，统筹负责知识管理、知识共享中的知识产权保护、转让、许可等工作。其二，在遵守现行法律法规的同时，努力探求诸如"合理使用""法定许可"的著作权例外条款的适用空间。其三，加强技术支持知识产权保护。技术手段的提高和完善是知识产权保护、侵权风险防范的有效途径。可以采用数据加密、数字水印、防火墙或认证等技术手段强化知识产权保护，这些措施也可以作为免责事由的有力证据。其四，应注重合理注意义务的履行。在文献信息资源订购、镜像服务以及应用超链接服务过程中要注意履行合理注意义务，避免直接侵权与间接侵权行为的发生。其五，积极与著作权人开展沟通谈判。纠纷解决过程的本质就是各方主体在基本法律框架下进行利益博弈，从而实现妥协与接受的过程。在纠纷解决的策略选择上，当事人之间协商和解，或者通过调解达成和解才是理想的纠纷处理机制，诉讼是迫不得已的最后救济手段。

第六，高校图书馆面向开放社会可以弥补公共图书馆服务的不足，可以满足读者终身学习的需求，也有助于高校图书馆自身的发展。在社会化服务过程中，虽然高校图书馆作为高校内设机构没有独立的主体资格，但随着高校图书馆社会化职能和性质的逐步加强，其作为平等社会主体参与社会活动的角色将进一步凸显。因此，可以通过立法明确高校图书馆的"准法人"地位，以充分发挥高校图书馆的社会功能。由于社会读者和校内读者相比具有成分复杂、与同学校之间缺少必要的约束关系等特点，高校图书馆在和社会读者建立服务合同关系时，建议采取书面合同形式。高校图书馆开展社会化服务可收取相应的服务性费用，如复印费、打印费、办理借阅证工本费、文献传递费等，但收取的相关费用需要符合国家有关服务性收费的基本要求，以及学校相应的财务管理制度。

第七，为了促使高校图书馆服务制度化、规范化、科学化，保障高校图书馆事业健康稳定发展，需要对高校图书馆服务提供法律保障。其一，加快图书馆服务立法完善，不仅要制定完善的图书馆专门法，还要做好同邻接性法律之间的衔接，使之相互补充，相互协调，步调一致，共同构建完整的图书馆法律保障体系。其二，健全高校图书馆服务保障制度，重点完善资源共建共享制度、知识产权保护制度、图书馆社会化服务制度等，指导和规范高校图书馆服务管理的有序运行。其三，强化图书馆馆员法治思维，将法治思维方式应用到图书馆管理服务全过程之中。注重对图书馆馆员权力制约思维、规则思维、程序思维、责任思维等法治思维的培育，提升馆员的法律意识，预防法律风险，保护读者的正当权益。

受制于笔者的理论功底与研究水平，本书一些分析和论证还不够深入、细致，有些问题还有待进一步深化。如果条件允许，今后将进一步研究以下几个方面的问题：高校图书馆全民阅读服务中的著作权问题、3D打印服务中的知识产权问题以及高校图书馆社会化服务制度的构建问题等。

主要参考文献

1.著作类

［1］波斯纳.法律的经济分析［M］.2版.蒋兆康,译.北京:法律出版社,2012.

［2］程焕文,潘燕桃,张靖.图书馆权利研究［M］.北京:学习出版社,2011.

［3］傅安平.数字参考咨询服务［M］.南昌:江西高校出版社,2009.

［4］顾红,任宁宁.解读数字参考咨询服务［M］.北京:经济管理出版社,2010.

［5］江涛,穆颖丽.现代图书馆服务理论与实践［M］.郑州:河南人民出版社,2014.

［6］赖文智,王文君.数位著作权法［M］.台北:翰芦图书出版有限公司,2007.

［7］李海英.图书馆服务管理［M］.北京:国家图书馆出版社,2011.

［8］鲁黎明.图书馆服务理论与实践［M］.北京:北京图书馆出版社,2005.

［9］罗伯特·考特,托马斯·尤伦.法和经济学［M］.张军,等译.上海:三联书店,1991.

［10］涂湘波,陈有志.文献传递理论与实务［M］.北京:知识产权出版社,2009.

［11］王永贵.服务营销与管理［M］.天津:南开大学出版社,2009.

［12］王宇.高校图书馆社会化服务研究［M］.北京:中国社会科学出版社,2014.

［13］王玉林.图书馆法律问题研究［M］.合肥:合肥工业大学出版社,2009.

［14］吴恒梅.现代图书馆管理理论与实践［M］.广州:世界图书出版广东有限公司,2012.

［15］吴晞.图书馆史话［M］.北京:社会科学文献出版社,2015.

［16］袁红军,吴起立.图书馆数字参考咨询服务理论与实践［M］.北京:海洋出版社,2011.

［17］袁明伦.现代图书馆服务［M］.成都:四川大学出版社,2013.

［18］赵国忠,张创军.高校图书馆社会化服务概论［M］.北京:国家图书馆出版社,2016.

2.期刊类

［1］白雪冰.图书馆文献传递服务中的版权风险及规避策略［J］.图书馆学刊,2015(3):5-7.

［2］陈传夫,刘杰.图书馆制度建设的法制化路径［J］.图书馆论坛,2007(6):231-235.

［3］陈瑶.公共图书馆参与MOOC版权法律风险及其应对［J］.图书馆工作与研究,2015(9):49-52.

［4］范丽莉,詹德优.文献传递服务模式的分析［J］.图书馆杂志,2005(10):24-29.

［5］宫平,郭帅.高校图书馆社会化服务模式探索［J］.图书情报工作,2014(19):74-78.

［6］贾春莲,李杨.浅析数字参考咨询中的知识产权问题［J］.图书馆学研究,2011(7):92-95.

［7］兰孝慈,张静.图书馆治理的法律基础与制度重构:"211大学"图书馆规章制度透视［J］.图书馆建设,2018(12):107-110.

［8］卢纯昕.图书馆馆际互借与文献传递版权例外的立法构建［J］.图书馆杂志,2016(5):26-31.

［9］吕冬梅.高校图书馆与读者之间的法律关系研究［J］.河南图书馆学刊,2010(3):92-94.

[10] 秦珂.图书馆镜像服务侵权责任的认定与著作权法律风险规避:基于一起图书馆著作权纠纷案件的思考[J].图书馆,2014(2):115-117.

[11] 孙强.借书违约法律问题研究[J].图书馆,2014(3):108-110.

[12] 汤艺.图书馆读者平等权利制度保障的理论与实践[J].图书馆,2017(3):63-65,71.

[13] 王建.国外图书馆立法概况及述评[J].情报理论与实践,2011(4):119-124.

[14] 王宇红.信息网络传播权的限制与图书馆合理使用:兼论我国《信息网络传播权保护条例》的完善[J].情报杂志2009(2):175-178.

[15] 王玉林.高校图书馆面向社会开放法律问题研究[J].情报理论与实践,2013(3):25-29.

[16] 韦楠华,吴高.数字图书馆用户隐私侵权风险及对策研究[J].图书馆界,2012(2):12-16.

[17] 吴高.国外文献传递版权法规立法现状与启示[J].图书馆建设,2015(4):25-29.

[18] 吴汉东.知识产权的制度风险与法律控制[J].法学研究,2012(4):61-73.

[19] 吴志强,冉从敬.图书馆声像资料服务的知识产权研究[J].图书馆杂志,2007(2):24-27.

[20] 徐梅.图书馆读者隐私保护探究[J].图书馆研究,2014(4):120-121.

[21] 杨玫.高校图书馆社会化信息服务模式探索与实践:以广州大学图书馆为例[J].图书馆杂志,2011(3):59-61.

[22] 赵明霞.大学图书馆微博与隐私权及知识产权保护[J].新世纪图书馆,2012(8):32-33,31.

[23] 郑文晖.高校图书馆文献传递服务版权保护及风险防范策略研究[J].图书馆工作与研究,2016(7):36-40.

[24] 周武华.当代图书馆信息服务中的隐私权及其保护[J].图书馆建设,2007(4):43-46.